P. RAMUS

PROFESSEUR AU COLLÉGE DE FRANCE

SA VIE, SES ÉCRITS, SA MORT

1515-1572

OUVRAGES DU MÊME AUTEUR

RECHERCHES SUR LE SUICIDE. 1853.

NOTICE SUR DE LA TOUR, PEINTRE DU ROI LOUIS XV [1].

DES MODIFICATIONS AU CODE D'INSTRUCTION CRIMINELLE.

LE PARLEMENT DE PARIS. 1860 [2].

DES CONTRAVENTIONS A LONDRES. 1860.

LE CHATELET DE PARIS. 1863.

LE FORMULAIRE DES MAGISTRATS. 1863 [4].

LES CURIOSITÉS DES PARLEMENTS DE FRANCE. 1863 [5].

1. Michel Lévy, éditeur. Paris, 1854.
2. Cosse et Maréchal, éditeur. Paris, 1860.
3. Didier et Cⁱᵉ, éditeurs. Paris, 1863.
4. J. Gay, éditeur. Paris, 1863.
5. J. Gay, éditeur. Paris, 1863.

PARIS. — Imprimerie PILLET FILS AÎNÉ, rue des Grands-Augustins, 5

XVIᵉ SIÈCLE

—

P. RAMUS

PROFESSEUR AU COLLÉGE DE FRANCE

SA VIE, SES ÉCRITS, SA MORT

(1515-1572)

PAR

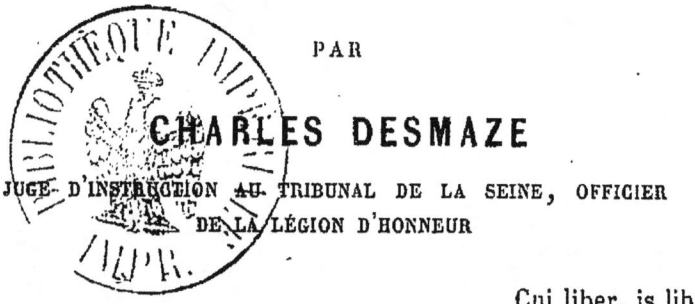

CHARLES DESMAZE

JUGE D'INSTRUCTION AU TRIBUNAL DE LA SEINE, OFFICIER
DE LA LÉGION D'HONNEUR

Cui liber, is liber.

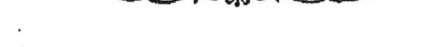

PARIS

LIBRAIRIE J. CHERBULIEZ, ÉDITEUR

RUE DE LA MONNAIE, 10.

A GENÈVE, MÊME MAISON.

1864

PRÉFACE

> Ramus, en enseignant la jeunesse, estoit un homme d'Estat.
> (Pasquier, *Rech. de la France*, .IX, c. xx.)

En 1853, devant une compagnie, toujours bienveillante pour nous, et toujours amie, nous lisions, pour obéir à la règle imposée, une *étude sur Ramus*.

Si humble qu'il nous parût ce travail fut inséré dans les *Annales de la Société académique de Laon*, occupée surtout et avec grande raison, suivant nous, d'étudier l'*histoire*, les *monuments*, les *illustrations et les gloires locales*[1]. A ce titre, P.

---

[1]. Cette féconde impulsion a déjà produit de savantes et utiles recherches sur la Picardie, signées des noms si autorisés de MM. Edouard Fleury, Cauvel de Beauvillé, Peigné-Delacour, A. Piette, Prioux, Cocheris, des Demarsy, Hidé, Melleville. Les académies d'Amiens, de Laon, de Soissons, ont été le centre de ces études, qui ne sauraient être trop encouragées; Saint-Quentin va bientôt aussi suivre cette voie.

PRÉFACE.

Ramus nous avait semblé digne de figurer dans une galerie consacrée aux célébrités Picardes [1], et si nous réimprimons aujourd'hui ces feuilles, c'est bien moins pour les arracher à l'oubli, que pour promener, encore une fois, avec soin la lumière d'en haut sur une figure, que nous avions jadis ressuscitée, avec une respectueuse admiration [2].

Aussi avons-nous fait seulement à notre premier essai quelques corrections de détail, quelques additions, dont une révision sérieuse montre toujours la nécessité. Il vaut mieux construire à côté que de s'épuiser en réparations ; d'ailleurs, s'attacher à se changer dans le passé, au lieu de se développer dans l'avenir, serait d'une vanité impuissante.

A notre époque de mouvement intellectuel et de progrès, un livre n'est qu'un recueillement, une trêve, une halte dans la vie, il faut aller en avant. Chacun doit apporter sa pierre à l'œuvre de l'avenir ; si l'agitation est à la surface de toute

---

1. *Bulletin de la Société académique de Laon.* Fleury, 1853.
2. *Picardus* sum, *Picardi* nihil a me alienum puto.
(Térence, Heautontimorumenos, acte I, scène I, vers 77.)

œuvre humaine, l'immuable dessein de Dieu est au fond ; insensés donc trois fois sont ceux qui rêvent et dénoncent au monde la ruine imminente de la société et qui sonnent le glas funéraire au lieu des cloches joyeuses du baptême.

Pour un instant, nous avons tenté de faire revivre tout un passé depuis longtemps évanoui; nous avons essayé d'évoquer l'existence austère d'un compatriote, qui a combattu dans la Réforme avec Luther [1] et avec le Picard Calvin [2]. L'étude de ces novateurs est pleine de tristesse et d'attraits pourtant de leur berceau à leur tombe ; ils ont lutté en desespérés jusqu'à la dernière heure. Le seizième siècle, avec ses guerres politiques et religieuses, ses fureurs civiles, ses vastes factions, avec la monarchie française ébranlée, avec l'esprit nouveau qui soufflait à la fois sur les champs de bataille, dans les livres des savants et dans les colloques des théologiens, fut dans l'histoire de l'Europe une lutte de géants, un âge d'érudition merveilleuse. Et cependant, ces hommes vivaient

---

1. *Mémoires de Luther*, par Michelet.
2. *Vie de Calvin*, par Th. de Bèze, publiée par Alfred Franklin. Paris, 1864, Cherbuliez.

comme nous, au milieu d'orages, d'agitations et de malheurs, qui venaient traverser leur vie et déconcerter leurs études; eux aussi s'occupaient du labeur du jour et des affaires de la France. Comment donc ces caractères antiques portaient-ils à la fois le poids de la science et de la journée? Où donc est le secret de cette vigueur inépuisable, de ces travaux, de ces monuments, éternelle dérision de nos débiles efforts et de notre orgueilleuse faiblesse [1]? Qui nous le dira?

Pour excuser notre téméraire entreprise, en tête de ce livre, et comme seule Préface, nous voulons, en terminant, citer ici l'appréciation de M. Victor Cousin, le plus illustre philosophe de de notre temps, sur ce Ramus, dont nous allons essayer de dire la vie :

« Il serait utile et patriotique de disputer à l'oubli [2] et de recueillir pieusement les noms et les écrits de ces hommes ingénieux et hardis, qui remplissent l'intervalle de Gerson à Descartes. Du moins, il en est un que l'histoire

---

1. Lerminier, Introduction à l'histoire du droit, p. 62. Paris, 1835.
2. Victor Cousin, *Vanini*.

n'a pu oublier, je veux dire Pierre de la Ramée. Quelle vie et surtout quelle fin ! Depuis, on n'a pas daigné lui élever le plus humble monument qui conservât sa mémoire, il n'a pas eu l'honneur d'un éloge public et ses ouvrages mêmes n'ont pas été recueillis. »

Nous l'espérons, ces paroles empruntées à une si grave autorité, seront, sinon la justification, du moins l'excuse de notre imprudence même.

D'ailleurs, il nous a paru bon et utile de remettre en lumière une existence toute vouée au travail et à la lutte.

Labor omnia vincit était la devise de Ramus; c'est aussi celle des hommes de notre temps qui, comprenant leur époque et les grandes choses auxquelles elle est réservée, ne se renferment pas dans une vaine et stérile contemplation, mais marchent à travers les obstacles vers le progrès, ce but éternel de l'homme et des sociétés.

Paris, le 8 avril 1864.

INTRODUCTION

Etat de la Chrétienté au xve siècle. — Savonarole. — Erasme. — Thomas Morus. — Mélanchthon. — Luther. — Savonarole quitte son couvent, il visite Rome. — Ses prédications à Florence. — Sa mort. — Fin de Thomas Morus. — Dernières paroles d'Erasme. — Mort de Mélanchthon. — La Réforme en Allemagne et en France. — Ses premières assemblées à Paris. — Les armoiries de Luther. — Son séjour à Rome. — Quiétude de l'Université de Paris en face du péril nouveau. — Opinion de Luther sur l'Université et la Sorbonne. — Ramus marche à la suite de Luther et de Calvin. — Insultes faites à sa mémoire par Du Chêne, professeur royal.

Au xve siècle, l'état de l'Église romaine réclamait des changements ; tous étaient d'accord sur ce point ; mais, comme il arrive toujours, le but fut dépassé, et la Réforme devint une Révolution.

Savonarole, Erasme, Thomas Morus, le doux Mélanchthon, le fougueux Luther lui-même signalèrent d'abord les abus, en réclamèrent la destruction ; ils tâchaient de guérir l'arbre malade, non de l'abattre. La cognée de Luther ne s'acharna que plus tard dans son œuvre de destruction ; les rameaux une fois coupés, elle arriva au tronc même du christianisme. Au fond de la Lombardie, dans la retraite mystérieuse et muette d'un couvent de Dominicains, Jérôme Savonarole déjà avait médité jour et nuit, pleurant sur la corruption du siècle [1]. Il arriva à Rome, la cité bénie par saint Pierre, et il ne trouva que la *grande débauchée*, flétrie par les vers brûlants du Dante. Réformer le clergé d'Italie d'abord, régénérer ensuite l'Italie, ce fut là le but, ce fut là le rêve du dominicain tonnant dans la cathédrale de Florence. Il règne sur les âmes, mais bientôt il va régner sur la république des Médicis. Ses sermons frappent et dévorent comme la foudre :

O prélats ! O soutiens de l'Eglise ! O seigneurs ! regardez ce prêtre, qui s'en va tout pimpant avec sa belle chevelure, sa bourse, ses parfums !

« Allez chez lui, vous trouverez sa table chargée d'argenterie comme celle des grands ; ses chambres ornées de tapis, de draperies et de coussins. Croyez-vous que ces beaux seigneurs vous ouvriront l'Eglise de Dieu ? Leur cupidité est in-

---

[1]. J. Savonarole. Sa vie, ses prédications, ses écrits, par M. Perrens. — *Etudes sur la Renaissance*, par D. Nisard. 1855.

satiable ; regardez, dans les églises, tout se fait pour de l'argent. Les cloches sonnent toutes par avidité, elles n'appellent qu'argent, pain et cierges. Les prêtres vont au chœur pour y recevoir de l'argent. Ils vendent les bénéfices, ils vendent les sacrements, ils vendent la messe du mariage. »

Pour châtier de tels vices, Dieu doit déchaîner, sur la coupable Italie, ses plus terribles fléaux et les voûtes de Sainte-Marie-de-la-Fleur entendirent ces lamentables paroles :

« O Italie ! O Rome ! je semerai parmi vous la peste, une peste si terrible que peu de monde y résistera. Croyez celui qui vous parle, il n'y aura plus personne pour ensevelir les morts. S'il y a dix hommes dans une maison, ils mourront, ils seront brûlés, et l'on n'aura plus besoin de pourvoir à leur sépulture. Quand ce fléau fondra sur vous, il y aura tant de morts dans les maisons, qu'on criera dans les rues : Jetez les cadavres dehors. On les mettra sur des voitures et sur des chevaux, on en fera des montagnes et on les brûlera. On n'entendra plus dans la ville que ce cri lugubre : Qui a des morts? que tous ceux qui ont des morts les descendent sur leurs portes ! Une foule de gens sortiront sur le seuil de leurs maisons : voilà mon fils, dira l'un; voilà mon mari, voilà mon frère, dira l'autre. Et l'on fera de grandes et horribles fosses pour y enterrrer tous ces cadavres. Puis, les mêmes hommes parcourront de noûveau les rues, ils crieront : N'y a-t-il plus de morts par ici? quelqu'un a-t-il des morts? Et les rangs des citoyens s'éclairciront, au point qu'il restera à peine quelques personnes. L'herbe croîtra dans les rues, les routes seront comme les bois et les forêts. »

Telles étaient les terribles menaces, sous lesquelles l'hypocrite Florence se courba, pour un temps. Bientôt cette foule, *qui avait pris le Christ pour maître et qui vivait paisiblement sous sa loi,* se lassa de la règle et de la paix, et brûla celui qu'elle avait adoré. Savonarole donc monta sur le bûcher (23 mai 1498). Quelques années plus tard, Morus, qui avait tenté aussi la conciliation entre le pape et le roi d'Angleterre, au nom du catholicisme, fut décapité (1535). Après lui, Erasme, vaincu par la fougue de Luther, alla (1536) s'éteindre à Bâle, non loin du jardin de Froben, son imprimeur, non loin du pavillon où jadis il avait traduit saint Chrysostôme. « Ici, disait-il à ses amis fidèles, je me trouve un peu moins mal ; quand à me trouver tout à fait bien, je n'en ai plus l'espoir dans cette vie. » C'est le regret de Savonarole, le Luther de l'Italie : *Ah! Florence, que fais-tu aujourd'hui?*

Aussi, Mélanchthon lui-même, accablé d'épreuves, isolé, s'écriait-il : O Dieu, si tu es avec nous, qui sera contre? Il attachait inutilement à la porte de l'Université de Wittemberg cette affiche mélancolique : J'ai résolu, avec la grâce de Dieu, d'expliquer quelques chants d'Homère ; j'y consacrerai la sixième heure du soir, le mercredi, et, selon ma coutume, gratuitement. Ce qu'on a dit d'Homère, qu'il a mendié pendant sa vie, n'est pas moins vrai d'Homère mort ; il erre çà et là, cet excellent poëte, demandant qui veut l'entendre... Mais Homère avait perdu son attrait et le réformateur sa popularité ; aussi, quand au moment suprême, on demanda à Mélanchthon s'il souhaitait quelque chose (1560), il répondit avec un soupir : Rien que le ciel [1].

---

1. Un trait commun à tous ces grands lutteurs, c'est qu'ils semblent appeler la mort comme un libérateur suprême et attendu.

Cependant, et malgré les épreuves de ses chefs, la Réforme gagnait chaque jour du terrain. Au fond la réconciliation du roi d'Espagne Philippe II avec le roi de France, Henri II (Paix de Cateau-Cambresis), n'était qu'une ligue contre les nouvelles doctrines. Si la Réforme, à son premier âge, n'avait guère fait que détruire, dans le second, elle essaya de fonder [1]. A son début, la Réforme Luthérienne dans l'Allemagne du Nord, avait été l'ouvrage des princes auxquels elle soumettait l'église [2]. Le peuple de la France, de l'Angleterre,

---

De même Alcuin trouvait, dans la pensée de sa fin prochaine, une véritable consolation. — Au sein des grandeurs, le corps ne lui avait, à lui aussi, semblé qu'une prison, la vie qu'un exil. Son plus cher désir était de mourir le jour de la Pentecôte ; ce vœu fut exaucé ; le 4 juin 804, il expirait en récitant sa belle prière : « O « clef de David, sceptre de la maison d'Israël, toi qui ouvres pour « que personne ne ferme, toi qui fermes pour que personne n'ou- « vre, viens, prends celui qui est enchaîné dans la prison, qui est « assis dans les ténèbres, à l'ombre de la mort. » (Alcuin et Charlemagne, par M. Francis Monnier. Plon, 1864. 1 vol. in-12.)

1. *Précis de l'Histoire moderne de Michelet.* 5ᵉ édition, p. 128 et suivantes.

2. Luther, constamment protégé par l'électeur de Saxe, qui le recueillait dans le château de Wartbourg, près d'Eisenach, avait gagné à sa cause les princes de Suède, de Danemarck, de Franconie, de Hesse, du Palatinat, du Brandebourg. — (*Ligue de Smalkalde.* 1530.)

de l'Ecosse et des Pays-Bas eut aussi la réforme qui lui fut révélée par Calvin, lorsqu'il passa de Nérac à Genève (1555). De Genève et de la Navarre, la nouvelle doctrine s'étendit à la Rochelle, aux cités alors savantes de l'intérieur, Poitiers, Bourges, Orléans ; elle pénétra jusqu'aux Pays-Bas, troubla Henri VIII dans sa victoire sur le Pape et s'assit sur le trône avec Edouard VI (1547), tandis qu'elle était portée par Knox dans la sauvage Ecosse.

Le mystère et les persécutions même aidaient au prosélytisme. Les assemblées furent d'abord secrètes ; les premières qui eurent lieu, en France, se tinrent à Paris, rue Saint-Jacques, vers 1550 ; puis, bientôt elles se multiplièrent. Les bûchers n'y faisaient rien ; c'était pour le peuple une trop grande douceur d'entendre la parole divine dans sa langue. En 1550, il n'y avait qu'une église réformée en France ; en 1561, il y en eut plus de deux mille, et quelquefois ils s'assemblaient en plein champ, au nombre de huit ou dix mille personnes, le ministre faisait entendre la prédication de vérité et tous chantaient ensemble les psaumes. Ceux qui avaient des armes veillaient alentour, la main sur l'épée, puis des colporteurs déballaient des catéchismes, des petits livres et des images contre les évêques et le pape [1]. Bientôt la Réforme se fit elle-même intolérante contre ses persécuteurs. Dès 1561, elle somme le roi de France d'abattre les images de Jésus-Christ et des Saints[2]. Le père de Luther était un pauvre mineur; ses armes parlantes étaient un marteau. Dans les mains du fils, cet outil devint une arme de démolition agitée sans trêve, et dont le monde catholique ressentit les coups. Comme Savonarole, Hans (Jean) Luther visita Rome[3] où il s'aperçut bientôt qu'il croyait seul; il s'enfuit au bout de quatorze jours, en se voilant la face; il emportait en Allemagne la condamnation de l'Italie et celle de l'Eglise. « Je ne voudrais pas, écrit-il, pour cent

---

1. Michelet, *Précis d'histoire moderne*. — *Mémoires de Condé*, II. 656. Liv. III, p. 101. — Schiller, *Histoire du soulèvement des Pays-Bas*, liv. II, chapitre I.

2. Un grand historien l'avait déjà remarqué : Le calvinisme fut antisymbolique et brise-images, non-seulement dans l'Eglise, mais dans la littérature. — Dans la grande polémique religieuse, notre langue prit ce sérieux, cette allure rapide, qui ne s'amuse pas aux fleurs, quand il s'agit de poursuivre l'ennemi. (Michelet, *Origines du droit français*.)

3. *Mémoires de Luther*, trad. par Michelet. Paris, 1852. Hachette.

mille florins ne pas avoir vu Rome ; je serais resté dans l'inquiétude de faire peut-être injustice au pape. » Le pape n'était plus alors le scandaleux Alexandre VI (Rodéric Borgia); c'était le belliqueux et violent Jules II (1503-1513). La papauté était loin de soupçonner le danger : depuis le XIIIe siècle on aboyait contre elle, et le monde lui paraissait enfin endormi par les criailleries de l'école. Wiclef (1324-1382), Jean Huss (1415), Jérôme de Prague (1416), persécutés, condamnés, avaient été brûlés. Si les docteurs de la très-catholique Université de Paris, Pierre d'Ailly, les Clémengis, le doux Gerson lui-même, avaient respectueusement attaqué la papauté ; elle leur résistait patiente et tenace. Luther la surprit [1] dans cette quiétude : « N'ai-je pas, dit-il, étonné les gens en me faisant moine; puis, en quittant le bonnet brun pour un autre ? Cela vraiment a bien chagriné mon père ; ensuite, je me suis pris aux cheveux avec le pape, j'ai épousé une nonne échappée (la belle Catherine de Bora), et j'en ai eu des enfants [2].

---

1. *Mémoires de Luther — passim.*
2. Le Luther de Bossuet, c'est le moine Augustin, au génie

Les doctrines de Luther furent accueillies par le peuple, par la jeunesse des écoles, en Allemagne comme en France : c'était là une terre merveilleusement préparée pour y semer des disputes. Le réformateur le reconnaissait : « C'est à Paris, en France, que se trouve la plus célèbre et la plus excellente école. Il y a là une foule d'étudiants, dans les vingt mille et au delà. Les théologiens y ont, à eux, le lieu le plus agréable de la ville, une rue fermée de portes aux deux bouts ; on l'appelle la Sorbonne[1]. Peut-être, à ce que j'imagine, tire-t-elle son nom de ces fruits du sorbier qui viennent sur les bords de la mer Morte, et qui présentent, au dehors, une agréable apparence ; ouvrez-les, ce n'est que cendres au dedans. Telle est l'Université

---

véhément, à l'éloquence impétueuse, qui ravissait les peuples ; c'est, comme disait Calvin, la trompette qui a tiré le monde de sa léthargie. (*Histoire des variations*, liv. I.)

Le Luther extérieur, le Saxon sanguin et trapu, aux joues épaisses et aux gros favoris, c'est le Luther d'Holbein, plutôt que celui de Kranach.

1. La Sorbonne, Luther le savait bien, tirait son nom de *Robert de Sorbon*, chapelain de Saint-Louis, qui en avait fondé l'église et le collége, surtout pour les pauvres écoliers en théologie. — Là fut établie en France, par Krautz et Friburger, la première imprimerie (en 1629) ; le cardinal Armand de Richelieu y incorpora le collége Duplessis.

de Paris; elle présente une grande foule, mais elle est la mère de bien des erreurs. S'ils disputent, ils crient comme des paysans ivres, en latin, en français. Enfin, on frappe du pied pour les faire taire. Ils ne font pas de docteurs en théologie, à moins qu'on n'étudie, pendant dix ans, dans leur sophistique et futile dialectique. Le répondant doit siéger un jour entier, et soutenir la dispute contre tout venant, de six heures du matin à six heures du soir. A Bourges, dans les promotions publiques de docteurs en théologie, qui se font dans l'église métropolitaine, on leur donne à chacun un filet, apparemment pour qu'ils s'en servent à prendre les gens. »

Tel était donc l'état de l'Université de France au xvie siècle, telle aussi l'agitation des esprits excités à la conquête de destinées nouvelles. Dans cette voie pleine de périls, à la suite de Luther, de Calvin, Ramus a cherché la difficile alliance de la philosophie avec la religion.

Chrétien par le cœur, philosophe par l'esprit, il adorait ensemble Dieu, la justice, la liberté, et il est tombé martyr de ses convictions.

Nous allons étudier la vie et la fin de Ramus,

sans passion, sans parti pris, et notre dette une fois payée à l'histoire de Ramus, nous déclarons ici que nos sympathies ne sont pas toujours de son côté. L'Église catholique, où nous sommes né, nous est chère; reconnaissons donc ses plaies avec une respectueuse sollicitude, non pas pour les irriter, mais pour les sonder, pour les guérir, ou plutôt plaignons ceux que l'ardeur de la lutte a entraînés contre elle; Ramus fut de ce nombre. Toutefois, on ne nous verra pas attaquer ici une mémoire déjà consacrée par le temps, et nous ne voulons pas surtout, en présence d'une destinée si cruelle, raviver des souvenirs qui ressembleraient à des rancunes. Disons pourtant que, l'année même du trépas de Ramus, Du Chêne, un professeur royal, jetait le mépris à cette cendre à peine refroidie et enveloppait, dans ses lâches poésies, une insultante ironie. L'aigle mort était injurié ainsi par le hibou :

> Quam malè grata fuit Rami mala vita nefandi,
> Tàm gratus nobis omnibus interitus.
> Et vitâ et verbo et vitioso dogmate Ramus
> Displicuit, solâ morte placere potens.
>   Deo gloria et gratia.

Nous avons emprunté ces épigrammes comme

un bien triste témoignage des colères et des haines soufflées par l'esprit de parti[1], et qui ne savent, en aucun temps, en aucun lieu, du reste, s'arrêter ni devant la science, ni devant une tombe à peine fermée. Même après sa mort, Ramus fut donc exposé à l'insulte et livré, comme pendant toute sa vie, à des jalousies, à des périls, à des ennemis qui ne désarmèrent jamais.

---

1. De internecione Gasparis Collignii et Petri Rami silva, ad Carolum Galliarum Regem christianissimum, Authore Leodegario A Quercu, Professore Regio. Parisiis apud Gabrielem Buon, sub clauso Brunello, sub signo D. Claudii. — 1572, cum privilegio.

La traduction française est ainsi intitulée :

« Exhortation au roy pour vertueusement poursuivre ce que sagement il a commencé contre les Huguenots, avec les épitaphes de Gaspard Coligny, de Pierre Ramus. Traduite du latin de M. Legier du Chesne. »

P. RAMUS

PROFESSEUR AU COLLÉGE DE FRANCE

SA VIE, SES ÉCRITS, SA MORT

1515-1572

CHAPITRE PREMIER

But de cette étude. — Ramus nait dans le pays de Calvin. — Les philosophes du moyen âge. — La renaissance. — Les novateurs du XVIe siècle. — Arrêt du Parlement contre Etienne Dolet.

Lorsqu'on a l'honneur d'appartenir par la naissance à un coin de notre France, si féconde en souvenirs, il est naturel de s'enquérir sérieusement de l'histoire du passé, de rechercher quelles illustrations ont vécu là, laissant de leur nom ou de leurs œuvres une trace ineffacée. Une fois cet hommage rendu, il semble qu'on doive trouver plus propice la divinité du lieu, et qu'on ait pris meilleure et plus complète possession du sol natal en l'honorant ainsi d'un culte respectueux. J'ai toujours pensé, — au contraire de Lucien, — que l'historien doit avoir sa patrie et son autel, et c'est là ce que j'ai essayé de faire pour mon pays, en étudiant, après tant d'autres, la vie agitée du Picard *Petrus Ramus* (Pierre de la Ramée), né en Vermandois [1] (1515), à Cus, auprès de Noyon, la patrie de cet ardent *Johannes Calvinus*, fils du tonnelier Cauvin [2].

---

1. Le Vermandois est l'ancien pays de France, dans la Haute-Picardie, au nord-ouest de la Thiérache, près des sources de la Somme; il avait pour villes principales : Saint-Quentin, Vermand, Ham, Saint-Simon, le Câletel. — Il est aujourd'hui compris dans les départements de l'Aisne et de la Somme.

2. Le réformateur était né à Noyon, en 1509, et il mourut à Genève, en 1564. Il existe encore à Saint-Quentin, et dans les départements de l'Aisne, de l'Oise, de nombreuses familles portant le nom de *Cauvin*, nom aujourd'hui encore tout picard. Jean Calvin fut baptisé à Noyon, par un chanoine de la cathédrale nommé Jean des Vatines [1]. Il disait plus tard : *Je renonce le chrême et retiens mon baptesme.*

Après avoir étudié, en la compagnie des fils de M. de Montmort, Calvin s'adonna à la théologie, et on le pourvut, dès l'âge de douze ans (29 mai 1521), d'un bénéfice en l'église de Noyon, à la chapelle dite de la Gésine.

1. *Vie de Calvin*, d'après Th. de Bèze; publiée par A. Franklin. Cherbuliez. Paris, 1864.

Ramus fut surtout un philosophe, et c'est à ce titre qu'il convient de l'apprécier, en jetant un rapide coup d'œil sur ceux qui l'avaient précédé.

Au moyen âge se remarqua en Europe un grand mouvement intellectuel, auquel se rattachent Isidore de Séville (601-636), Bède le Vénérable (672-735)[1], Alcuin (726-804), Frédégise (800), Raban-Maur (776-856), et Paschase Radbert (860). La philosophie scolastique commence avec Scot Erigène (820-886), dont la vie et les écrits sont dignes d'examen. Après lui, se développe la lutte entre les Réaux et les Nominaux : Héric Remi d'Auxerre (v. 980), et Jean le Sophiste. Au xe et

---

Nommé, à dix-huit ans, curé de Marteville[2], il permuta, deux ans après, avec le desservant de Pont-Lévêque[3], où habitait encore son grand-père, qui était tonnelier. — Calvin ne renonça à ses bénéfices qu'en 1534. Auparavant, il avait étudié les lois à Orléans, où *lisait, pour lors, un excellent homme nommé Pierre de l'Estoile, depuis président en la cour du parlement*[4].

1. *Alcuin et Charlemagne*, par Francis Monnier, Paris, 1864. Plon, éditeur.

2. Marteville, canton de Vermand, arrondissement de Saint-Quentin.

3. Pontlévêque, canton de Noyon, arrondissement de Compiègne. Population : 534 habitants.

4. L'auteur du Journal d'Henri III et d'Henri IV.

au xiᵉ siècle, nous trouvons Gerbert (930-1003), Béranger de Tours (1004), Lanfranc (1005-1089), et Roscelin (1040). Après eux, Hildebert de Lavardin (1057-1134), Anselme de Cantorbéry (1033), Guillaume de Champeaux (1080-1121), les platoniciens, Bernard de Chartres (1130), Guillaume de Conches, Gautier de Mortagne, Adélard de Bath. Plus tard, Joscelin de Soissons se signale par les tentatives de rapprochement, entre les Réaux et les Nominaux, jusqu'à l'heure où les doctrines d'Aristote avec Abélard (1079-1142) et Gilbert de la Porré (1070-1154) imposent leur influence à tout l'enseignement philosophique.

La philosophie de la renaissance vint ensuite préparer la philosophie moderne; elle a brisé l'ancienne servitude, servitude féconde pourtant. Les novateurs du xviᵉ siècle ont tous une importance bien supérieure à celle de leurs ouvrages. S'ils n'ont rien établi, ils ont tout remué; la plupart ont souffert, plusieurs sont morts pour nous donner la liberté dont nous jouissons. Ils n'ont pas été seulement les prophètes, mais plus d'une fois lés martyrs de l'esprit nouveau. Toutefois, l'héroïsme et le martyre même ne sont pas des preuves de la vérité ; l'homme est si grand et si misérable, qu'il peut donner sa vie pour l'erreur et la folie, comme pour la vérité et la justice ; mais le dévouement en lui-même est toujours sacré. Il est donc impossible de reporter la pensée sur la vie agitée, les infortunes, la fin tragique de plusieurs des philosophes de la renaissance, sans ressentir pour eux une sympathie profonde et douloureuse [1]. La cendre de leurs bûchers est à peine refroidie, la noire fumée en est montée au ciel, où elle proteste encore. Aussi entre la philosophie moderne et la philosophie scolastique se place fièrement la philosophie de la renaissance. — Elle a aspiré à quelque chose de neuf et fait du nouveau avec l'antiquité retrouvée. — A Florence, on traduit Platon et les Alexandrins ; on mêle, comme autrefois à

---

1. Victor Cousin, *La vie et les écrits de Vanini*. 1843.

Alexandrie, Zoroastre, Orphée, Platon, Plotin et Proclus. Si presque partout on combat Aristote[1], c'est l'Aristote du moyen âge, l'Aristote d'Albert le Grand et de saint Thomas, celui qui, bien ou mal compris, avait servi de fondement et de règle à l'enseignement chrétien ; mais on étudie encore, on invoque le véritable Aristote, et à Bologne on le tourne même contre le christianisme[2].

Le xve siècle fut donc une époque de révolution ; il rompt avec le moyen âge, il cherche, il entrevoit la terre promise des temps nouveaux ; il n'y parvient point, mais s'épuise dans l'enfantement d'un monde qu'il n'a point connu et qui le renie. « Les lutteurs de cette époque, vainqueurs et vaincus, sont peu connus encore, et ils ont cependant leur valeur propre. »

M. Victor Cousin a pu rassembler presque tous

---

1. *Vanini, ses écrits, sa vie et sa mort,* par V. Cousin. 1843.
2. Les conseils proclament la liberté d'enseignement (Latran. V. Labbe. — T. X, p. 1278, 1256), et les auteurs désignés sont, avec quelques poëtes sacrés : Ovide, Virgile, Horace et Juvénal. (V. sur ce sujet les recherches historiques de Mgr Landriot.)

les ouvrages de Ramus, et il « propose de les
« mettre bien généreusement à la disposition de
« quelque homme laborieux et instruit qui vou-
« drait en procurer une édition complète. » La lumière et la justice se feront ainsi. Charpentier, rival de Ramus, « était lui-même un esprit judicieux
« et sévère, dont les écrits sont très-bons à consul-
« ter pour la vraie intelligence d'Aristote. »

Les Français sont entrés les premiers dans la lice ; et c'est plus tard que l'Italie, et surtout Naples, produisirent des réformateurs, peut-être plus illustres, mais non plus hardis, ni plus malheureux : Bruno (1600), Campanella (1639), Vanini (1619). En effet, déjà alors le parlement de Paris avait, dans les termes suivants, rendu le 2 août 1546, son arrêt contre [1] Etienne Dolet :

« Veu par la Court, le procès faict par ordre d'i-

---

[1]. Relevé des livres condamnés, par E. Boutaric, archiviste aux archives de l'empire. Paris. — *Estienne Dolet*, par J. Boulmier. 1 vol. in-8°. Paris, Auguste Aubry. 1857. — *Le Parlement de Paris*, par Charles Demaze. Cosse, éditeur. Paris, 1860.

« celle à l'encontre de Estienne Dolet, prisonnier
« en la conciergerie du palais, à Paris, accusé de
« blasphèmes et sédition, et exposition de livres
« prohibez et dampnez, et autres cas par lui faicts
« et comis depuis la rémission, abolition et am-
« pliation à luy donnée par le roy, au mois de juin
« et 1er août 1543, ainsy que le tout est plus à plain
« contenu audit procès contre lui faict; les conclu-
« sions sur ce prinses par le procureur général du
« roy, oy et interrogé sur lesdits cas, par ladite
« court, ledit prisonnier, la court a condemné et
« condemne ledit Dolet, prisonnier, pour répara-
« tion desdits cas comis et délits à playn contenus au-
« dit procès contre lui fait, à estre mené et conduit
« par l'exécuteur de la haute justice, en ung tombe-
« reau, depuis lesdites prisons de la conciergerie
« du Palais jusques à la place Maubert, où sera
« dressée et plantée, au lieu plus commode et con-
« venable, une potence, à l'entour de laquelle sera
« fait un grand feu, auquel après avoir esté soub-
« levé en ladite potence, son corps sera gasté et

« bruslé avec ses livres, et son corps mis et con-
« verti en cendres. Et néanmoins est retenu *in
« mente curiæ* que au cas où ledit Dolet fera aulcun
« scandale, et dira aulcun blasphème, la langue
« luy sera couppée et bruslée tout vif [1]. » — Le supplice n'avait ni désarmé, ni convaincu.

---

1. Dolet avait, dans ses vers, pressenti lui-même sa fin :

> Et toutefois, de toute mon estude,
> Je n'ay loyer que toute ingratitude.
> D'où vient cela? — C'est un cas bien estrange,
> Où l'on ne peut acquérir grand louange.
> Quand on m'aura ou brûlé ou pendu,
> Mis sur la roue et en cartiers fendu,
> Qu'en sera-t-il? — Ce sera un corps mort.

Après sa mort, honni des catholiques, repoussé des protestants, qui n'ont pas inscrit son nom dans leur martyrologe (bien qu'il figure dans l'exacte biographie protestante de M. Haag), le condamné ne fut accepté par aucun des deux partis.

CHAPITRE II

Naissance de Ramus. — Sa famille. — Ses études. — Règne de la philosophie d'Aristote. — Censure des livres de Luther par la Faculté de théologie. — Etude de l'antiquité et des livres hébreux. — Programme de l'enseignement au XVIe siècle. — Le Parlement défend les cours sur la sainte Écriture. — Ramus attaque Aristote. — Son agression est condamnée. — Lettres de François Ier. — Arrêt du Parlement rendu en faveur de Charpentier. — Remontrances de Ramus au Conseil privé.

Cet exposé était indispensable pour venir enfin à notre philosophe.

La première année du règne de François Ier (vers la fin de 1515), naquit à Cus [1], un enfant qui devait rendre son nom illustre par toute l'Europe. Petit-fils d'un charbonnier, fils d'un laboureur, *Petrus Ramus* (Pierre de la Ramée), fut élevé à la rude école de la pauvreté. Enfant, il eut grand'

---

[1]. L'acte de naissance de Ramus a été vainement recherché, sur notre demande, par M. L. Berger, dans les communes de Cus, Caisnes, Bretigny (Oise). Les registres de ces paroisses ne remontent qu'à 1614, et n'ont pu fournir aucune indication.

peine à trouver du pain dans la huche et du feu dans l'âtre paternel. Atteint deux fois de la peste, il quitta son village pour aller étudier à Paris, muni d'une faible somme d'argent, que lui avait donnée son oncle Honoré Charpentier, ouvrier charron. La science était alors sous le boisseau et n'éclairait qu'un petit nombre d'adeptes. Ses ressources une fois épuisées, le courageux jeune homme entra au collége de Navarre [1] comme valet

---

1. Le collége de Navarre était situé rue de la Montagne Sainte-Geneviève, sur l'emplacement même aujourd'hui occupé par l'Ecole polytechnique. Fondé par Jeanne de Navarre (1304), il fut agrandi par Louis XI (1464). Le roi en était le premier boursier, et le revenu de sa bourse était affecté à l'achat des verges *destinées à la correction des écoliers*, comme marque d'affection sans doute : *Qui benè amat, benè castigat.*

L'écolier d'autrefois, vêtu de son pourpoint de gros drap et de son capuchon, gravissait, avant le jour, jusqu'au collége de Montaigu, où tout était aigu, disait le proverbe :

Mons acutus, ingenium acutum, dentes acuti.

Là veillait Pierre Tempête, le *grand fouetteur de Montaigu*, comme l'appelle Rabelais, et cependant, malgré les verges, le mauvais gîte et l'affreuse nourriture, dont parle Erasme dans son dialogue *De la chair et du poisson*, une jeunesse avide d'apprendre venait y étudier. Un pauvre enfant, Jean Stondonck, venait à pied de Malines à Paris dans cette sévère école, travaillait tout le jour et étudiait la nuit aux rayons gratuits de la lune. (Vallet de Viriville, *Histoire de l'Instruction publique.*)

de chambre de Dom de la Brosse, et il y resta pendant trois années. Là, il avait à subir, — double humiliation! — l'orgueil des régents infatués de leur vain savoir et l'insolence des élèves, bien décidés à ne rien apprendre, et il lui fallait obéir aux ordres et aux caprices de tous. La nuit seule lui appartenait. Aussi, quand professeurs et disciples dormaient à Navarre, leur valet allumait sa lampe et méditait sur les entretiens de Socrate; Platon, Xénophon, étaient ses auteurs favoris. « Voilà, s'écriait-il en les lisant, la seule philosophie digne de l'homme. » Dédaignant les leçons de son professeur [1], Jacques Hannon, plus tard évêque de Lisieux, Ramus eut dès lors trouvé sa vocation. Aristote comptait un ennemi. Ce qui rendait si forte et toujours si vivace l'autorité du philosophe de Stagyre, c'était la puissance redoutable de a hiérarchie, une obéissance servile aux décisions

---

1. Ramus eut alors pour condisciple Charles de Lorraine, plus tard cardinal, et toujours protecteur du philosophe.

traditionnelles de l'Église, enfin un attachement pédantesque aux idées qu'elle enseignait. Toutefois, l'heure était venue où tous ces vieux appuis de la scolastique devaient être impuissants [1]; en vain écrivait-on et soutenait-on chaque jour, *par ordre royal* [2], *des thèses sur Aristote* [3]; en vain aussi quelques enthousiastes trouvaient-ils, dans ce philosophe, *tous les dogmes chrétiens jusqu'à l'Incarnation et la Trinité,* comme cet autre, dont se moque Rabelais, *découvrait l'origine des sacrements dans les Métamorphoses d'Ovide.* L'autorité en était fort ébranlée; Patrizzi estime qu'au commencement du xvi⁰ siècle, on avait écrit, — sur Aristote, —

---

1. Hauréau, *La Philosophie scholastique.* 2 vol. Pagnerre, éditeur.
2. Ordonnance de Louis XI, à Senlis, le 1ᵉʳ mars 1473, « qui prescrit l'enseignement exclusif d'Aristote, de son commentateur Averroës, d'Albert le Grand, de saint Thomas-d'Aquin, d'Alexandre de Halès, de Scot, de Bonaventure, et des autres *Réaux*, interdit au contraire la lecture ou interprétation des Nominaux. » Edm. Richerius, *Hist. Academiæ Parisiensis.* Bib. imp. Latin, 9943 ms.
3. Corneille de Lapierre, ap. le P. Pardies. — *Lettres d'un philosophe à un cartésien.* Corn. Agrippa, *De vanitate scientiarum CLIV.*

plus de *douze mille volumes de commentaires*. La pensée du philosophe de Stagyre avait été noyée sous un déluge de subtilités ; à force d'explications, elle était devenue inintelligible et comme effacée. Ce moment fut celui que choisit Ramus pour descendre dans la lice, armé de toutes pièces. Les esprits s'agitaient déjà sous le souffle naissant de la Réforme ; les livres de Luther, à leur apparition, venaient d'être censurés. En 1521, le 15 avril, « la Faculté de théologie de Paris censure les livres de Luther ; et Erasme, dans une lettre au cardinal Laurent, s'exprime ainsi à ce sujet : « Expecta-
« batur sententia Parisiensis Academiæ, quæ sem-
« per in se Theologiæ non aliter principem tenuit
« locum, quàm Romana sedes Christianæ religio-
« nis principatum [1]. »

L'antiquité était curieusement interrogée, et les livres grecs et hébreux fournissaient leurs textes à l'esprit de libre discussion. En 1527, François

---

1. Edm. Richerius. (Hist. Acad. Pariensis, ms. B. imp. 9943.)

Guillebon, théologien, donna à la bibliothèque de la Sorbonne beaucoup de livres grecs et le *Talmud* complet[1].

Pour les écoliers, le programme des études, comme on dirait aujourd'hui, était tracé avec un soin des plus minutieux, rien n'y était omis. On trouve, dans une pièce portant la signature du principal et des boursiers du collége de Narbonne[2] pour l'année 1599, le catalogue de l'enseignement à cette époque : « En sixième, le rudiment, les genres, déclinaison des noms; en cinquième, les prétérits et les supins des verbes; en quatrième, la syntaxe, la quantité, la grammaire grecque; en troisième, la quantité, les figures, un abrégé de rhétorique et la révision de la syntaxe et de la grammaire grecque. »

Le programme ne fait pas mention de la seconde.

---

1. Edm. Richerius. Bibl. imp., ms. 9945.
2. Félibien, *Histoire de Paris.* T. V, p. 799. — Charles Jourdain, *Histoire de l'Université de Paris.* 1re livraison, page 15 et suivantes.

La rhétorique est consacrée à l'étude approfondie de la langue grecque, à la versification et à la lecture des auteurs anciens; six heures de classe avaient lieu chaque jour.

Les écoliers ne devaient passer en philosophie qu'après avoir justifié de leur savoir en grammaire, rhétorique, grec et latin. La rétribution due au professeur ne pouvait excéder six écus d'or, par an. Le cours durait deux ans consacrés à la lecture, pour ainsi dire exclusive, des livres d'Aristote. — Première année, le matin : les ouvrages de logique, d'abord, l'Introduction de Porphyre, les Catégories, le Traité de l'interprétation, les cinq premiers chapitres des premiers Analytiques, les huit livres des Topiques, enfin les derniers Analytiques. Le soir, explication de la Morale d'Aristote. — En seconde année, le matin : Physique d'Aristote; le soir, la Métaphysique, et surtout les livres I, II et XI. A six heures du matin, on étudiait la sphère et quelques livres d'Euclide.

Les statuts recommandent d'expliquer le texte

d'Aristote[1] plutôt en philosophe qu'en grammairien : *Magis pateat rei scientia quam vocum energia* (art. 42). Dispositions remarquables où se reflètent les tendances contradictoires qui se partageaient les esprits; d'une part, la vénération pour Aristote et les anciens; de l'autre, le dégoût des subtilités de la scolastique et une vague aspiration vers une méthode plus simple à la fois et plus élégante.
— On réprimait tout ce qui pouvait troubler l'ordre établi. Le Parlement, ce sévère et vigilant gardien des lois et des traditions, s'était lui-même ému et avait appelé à sa barre les professeurs[2] qui avaient

---

1. *Réformation de l'Université.* Paris, 1601. In-12. Fontanon. — *Edits et ordonnances des rois de France.* T. IV, p. 434.
2. Le Concile de Bâle (septembre 1434) renouvela la constitution du Concile de Vienne (1311), portant qu'il y aurait, dans les Universités, deux maîtres chargés d'y enseigner les langues hébraïque, arabe, grecque et chaldéenne. Chaque recteur, à son entrée en charge, devait jurer, en outre, de tenir la main à l'observation de l'ordonnance du Concile. *Sacrosancta Concilia, studio Ph. Labbei. Lutetiæ Parisiorum.* 1672. In-folio. T. XII, p. 547.)
L'enseignement des langues orientales dans l'école de Paris subit, à la fin du XVe siècle une manifeste interruption, que François Ier, protecteur des lettres et fondateur du collége de France, ne parvient même pas à faire cesser. En effet, à ce moment, l'E-

annoncé, *par des affiches, l'ouverture de leurs cours sur la Sainte-Escripture.*

« En 1533, du vendredy xix° janvier, ce jour matin, veue par la court, certaine requeste à elle baillée par le procureur général du roy, contenant que, par le syndic de la faculté de théologie en l'université de Paris, il advoit été adverty que aucuns particuliers, simples grammairiens ou rhéto-

---

glise voyait lui échapper l'ascendant presque toujours victorieux qu'elle avait exercé jusque-là sur les âmes; de jour en jour, les prédications des luthériens sapaient l'autorité de la tradition et disposaient les esprits à ne consulter, dans l'interprétation des saintes Ecritures, que la lumière intérieure de la raison. Après Luther, le sentiment de défiance invétérée s'accrut naturellement dans l'Université de Paris, par l'expérience des périls que les novateurs faisaient courir à la discipline et au dogme. (Voir le savant travail de M. Ch. Jourdain, sur l'enseignement de l'hébreu, dans l'Université de Paris au xv° siècle. — Paris, Durand. 1863.)

Le 21 décembre 1516, le doyen de Notre-Dame de Paris, David Chambellan légua à l'Eglise des manuscrits hébreux et grecs. En considération de ce legs, le chapitre réduisit de 316 à 200 livres parisis les réparations à faire dans la maison claustrale qu'avait, depuis six ans, habitée le donateur. Quittance fut donnée, le 4 janvier 1517, au conseiller Longuejoie, exécuteur testamentaire. (Bib. imp. Ms. de Petit-Pied, fonds Sorbonne. n° 1112. — Alfred Franklin, *Recherches sur la bibliothèque publique de Notre-Dame de Paris.* 1863. Aubry, éditeur. — *Gallia Christiana.* T. VII, p. 215.)

riciens, non ayant estudié en faculté, s'efforcoient lire publiquement de la Sainte-Escripture et icelle interpréter, comme il apparoissoit par certains billets, par luy exibez, qui avoient esté trouvez affichez par les carrefours, les lieux publics de ladite université, dont pouvoient procéder plusieurs inconvéniens, mesmement contre la foy et chose publique chrestienne, requérant ledict procureur gégénéral deffenses estre faites aux particuliers dénommez aux billets et à tous autres en général de ne entreprendre à lire et interpretter publiquement ladicte Sainte-Escripture, que premierement ils ne se fussent présentés à ladicte faculté de théologie et eûssent permission d'icelle de faire lesdites lectures et interprétations, la matière mise en délibéré, et veus lesdits billets en la forme qui s'en suit :

« Agathius Guidacerius Regius professor, cras,
« hora septima in collegio Cameracensi, lectionem
« psalmorum, in psalmo XX, prosequetur et die
« martis, hora secunda unus è suis juvenibus

« alphabetum Hebraicum et grammaticam more
« recenti auspicabitur.

« Franciscus Vatablus, Hebraicarum litterarum
« professor Regius, die lunæ horâ primâ pomeri-
« dianâ, interpretationem psalmorum prosequetur.

« P. Arnesius, Regius et ipse litterarum græca-
« rum professor, eodem die, horâ secundâ, librum
« Aristotelis aggredietur, in gymnasio Camera-
« censi. Venalis est Aristotelis liber, quam dili-
« gentissime fieri potuit impressus, apud Antho-
« nium Angerillum, sub signo sancti Jacobi, viâ
« ad sanctum Jacobum.

« Paulus Paradisus, Reguis Hebraicarum litte-
« rarum interpres, diæ lunæ horâ decimâ, gram-
« maticam sancti Pagnini, à se paucis abhinc
« diebus perlectam, iterum ab ipsis elementis
« repetere incipiet. Eadem hora Salomonis pro-
« verbia auspicabitur, in gymnasio trium Episco-
« porum Gormontio. »

« En conséquence d'arrêt du Parlement sont,
le même jour, après dîner, venus en la cour de

céans.[1] maistre Pierre Danès, François Vatable, Paul Paradis et Agathie Guidacier, liseurs du roy en l'université de Paris, et leur a maître Pierre Lizet, premier président en ladicte cour, remontré la requeste contr'eux, ledict jour baillé par le procureur général du roy, pour leur faire deffenses de ne lire, ne interpréter aucuns livres de la Sainte-Escripture[2] en langue hébraïque ou grecque, et

---

1. Bib. imp. (Ms. S. F. 5097). — Pièces servant de preuves à l'histoire de Paris.

2. De nos jours, l'interprétation des livres de la sainte Ecriture offre les mêmes périls, et le 26 février 1862, Son Exc. le ministre de l'instruction publique et des cultes a rendu l'arrêté suivant :

« Attendu que, dans le discours prononcé au collége impérial de France, pour l'ouverture des cours de langues hébraïque, chaldaïque et syriaque, M. Renan a exposé des doctrines qui blessent les croyances chrétiennes et qui peuvent entraîner des agitations regrettables, arrêté ce qui suit :

Le cours de M. Renan, professeur au collége impérial de France, est suspendu jusqu'à nouvel ordre. »

Cette suspension dure encore, et cependant, depuis cette date, une modification ministérielle a eu lieu, les cultes sont retournés au ministère de la justice, et une tolérance beaucoup plus large a été accordée à l'enseignement public. — Des leçons et des cours, paisiblement suivis par une foule attentive et recueillie, sont ouverts au peuple ; c'est un grand bien. Sachons regarder le grand jour, accepter la discussion au lieu d'imposer silence, chercher la lumière et non pas l'ombre ; alors seulement nous serons dique l'on n'avait voulu ordonner, sans premierement les oyr, avec le syndic de Paris, dénonciateur, et ledict procureur général, et que à ceste cause on les avoit mandés. Et a ladicte cour ordonné que la copie de ladicte requeste leur serait baillée avec autant de billets qui y avaient esté attachés, par les carrefours de ceste ville, pour en venir répondre, demain matin, à sept heures. Et leur a esté baillée ladicte copie et se sont retirés [1]. ».

C'est sur ce terrain si agité, si bien défendu pourtant par l'autorité, que Ramus avait depuis longtemps engagé la lutte, et qu'il devait combattre pendant toute sa vie. Après avoir débuté à Paris, au collége du Mans, puis au collége de Marie, où il pro-

---

gnes de la liberté — Voir, sur cette importante question, la discussion si approfondie qui s'est produite au Sénat, à propos de la pétition Merlin de Thionville, entre Monseigneur de Bonnechose et M. le président Delangle. (*Moniteur* du 19 et 20 mars 1864. M. de Royer, rapporteur.)

1. Duboulay, *Hist. univ.* T. V, p. 697. T. VI, 259. — Félibien, *Histoire de Paris.*

fessa la philosophie et expliqua les auteurs grecs et latins, notre philosophe proportionna l'attaque à la puissance de l'adversaire qu'il combattait ; il déchira, par son éloquence incisive, l'idole à laquelle il entendait décerner sans cesse des éloges faux et exagérés. Dès sa réception au degré de maître ès arts, il s'était engagé à soutenir *le contrepied d'Aristote sur tout ce qu'on voudrait lui objecter*, et il le fit ; un jour entier, il soutint cette audacieuse provocation. Il s'en prit d'abord à la *logique d'Aristote*, qu'il accusa d'erreur et d'obscurité ; il en composa une plus pratique, et exposa (1543) ses idées dans deux livres, l'un intitulé : *Institutiones dialecticæ* ; l'autre, *Aristotelicæ animadversiones*. L'apparition de ces deux ouvrages excita de grands troubles dans l'Université de Paris, « et ce qui le fit tant haïr de toute l'Université, par manière de dire, ce fût qu'il fit des animadversions ou repréhensions sur Aristote, lequel étoit tenu comme pour un Dieu, des escoliers de son temps, et contre lequel escrire ou se bander, c'estoit offenser par trop ; comme si Aristote n'estoit point homme et par conséquent subject à faillir [1]. »

A peine ces deux ouvrages furent-ils publiés, que l'Université de Paris, représentée par son recteur, P. Galland, obtint un arrêt de justice, *pour faire supprimer ces livres, comme dangereux pour la jeunesse et comme hostiles à Aristote, c'est-à-dire à la nature et à la vérité.* Du Parlement, l'affaire fut, par l'entremise de Castellan ou Châtelain, confesseur et aumônier du roi, ami de Galland, évoquée auprès du souverain, qui constitua un tribunal de cinq juges, pour décider la querelle entre Ramus et les partisans d'Aristote. La sentence, *condamnant Ramus comme téméraire, arrogant et impudent agresseur d'Aristote*, fut rendue à Paris, le 1er mars 1544. Elle fut suivie des lettres royales ainsi conçues : « François, par la grâce de Dieu, roy de France, à tous ceux qui ces présentes lettres verront salut :

---

1. *La Croix du Maine.* Bib. fr. T. II. — W. Kastus. p. 17.

« Comme entre les grandes sollicitudes que nous avons toujours eues de bien ordonner et establir la chose publique de notre royaume, nous avons mis toute la peine que possible nous a esté de l'accroistre et enrichir de toutes bonnes lettres et sciences à l'honneur et gloire de Nostre Seigneur et au salut des fidèles ; puis naguères advertis du trouble advenu à nostre chère et aimée l'Université de Paris, à cause de deux livres faicts par maistre Pierre Ramus, intitulez l'un *Dialecticæ institutiones*, et l'autre *Aristotelicæ animadversiones*, et des procez et différens qui estoient pendans en nostre court de Parlement audit lieu, entre elle et ledit Ramus, pour raison desdits livres, nous les eûssions évoquez à nous, pour sommairement et promptement y pourvoir, et à cette fin, eûssions ordonné que maistre Antoine de Govea[1], qui s'estoit présenté à impugnez et dé-

---

1. 1530. De Govea avait été recteur de l'Université de Paris : Anno Domini sesqui millesimo tricesimo ; tertio die vero vicesi-

battre lesdits livres, et ledit Ramus qui les soustenoit et défendoit, éliroient et nommeroient, de chascun costé, deux bons et nostables personnages connaissans les langues grecque et latine, et expérimentez en la philosophie, et que nous eslirions et nommerions un cinquième pour visiter lesdits livres, ouïr lesdits de Govea et Ramus en leur advis, suivant laquelle nostre ordonnance fûst ledit de Govea éleu et nommé maistre Pierre Danès et François à Vicomercato, et ledit Ramus, maistre Jean Quentin, docteur en décret, Jean de Beaumont, docteur en médecine, nous, pour le cinquième, eûssions nommé et ordonné nostre cher et bien-aimé maistre Jehan de Salignac, docteur en théologie, par-devant lesquels lesdits de Govea et Ramus eûssent esté ouïs en leurs disputes et

---

ma tertia Mensis Junii, in Vigilia divi Johannis Baptistæ discretus vir magister de Gouveâ, collegii Divi Barbaræ primarius, in Rectorem fuit electus, in cujus rectoris hi præstiterunt juramentum quorum nomina sequuntur [1].

1. Acta rectoria Universitatis Parisiensis. Bib. imp. Ms. latin. 9952.

débats, jusques à ce que pour interrompre l'affaire, iceluy Ramus se seroit porté pour appelant desdits censeurs ; donc nous advertis eussions décerné nos lettres à notre prévost de Paris ou à son lieutenant, pour contraindre lesdits de Govéa et Ramus à parfaire leurs disputes, afin que par lesdits censeurs, nous fust donné ledict advis, nonobstant ledict appel et autres appellations quelconques : suivant lesquelles nos lettres eussent lesdits de Govea et Ramus de rechef comparu pardevant lesdits censeurs, et voyant que par iceluy Ramus lesdits livres ne se pourroient soustenir, eust déclaré n'en vouloir plus disputer, et qu'il les soulmettoit à la censure desdessus dits ; et comme on y vouloit procéder, lesdits Quentin et de Beaumont, l'un après l'autre, eûssent déclaré ne s'en vouloir plus entremettre. Au moyen de quoi, eust iceluy Ramus, esté sommé et requis d'en élire et nommer deux autres, ce qu'il n'eust voulu faire, et se fust du tout soumis aux trois autres dessus nommez, lesquels, après avoir le tout veu et considéré, eûssent été d'advis que ledit Ramus avoit esté téméraire, arrogant et impudent, d'avoir réprouvé et condamné le train de logique receu de toutes les nations, que luy mesme ignoroit, et parce qu'en son livre des Animadversions il reprenoit Aristote, estoit évidemment connue et manifeste son ignorance. Voire qu'il avoit mauvaise volonté, de tant qu'il blasmoit plusieurs choses qui sont bonnes et véritables, et mettoit sus à Aristote plusieurs choses à quoy il ne pensa oncques. Et en somme, ne contenoit son dict livre des Animadversions, que tous mensonges et une manière de médire, tellement qu'il sembloit estre le grand bien et profit des lettres et sciences, que ledit livre fust du tout supprimé ; semblablement l'autre dessus dit, intitulé Dialecticæ institutiones, comme contenant aussi plusieurs choses fausses et étranges.

« Scavoir faisons que, veu par nous ledit advis, et en sur ce autres advis et délibérations avec plusieurs scavans et notables personnages estans lès nous, avons condamné, supprimé et aboly, condamnons, supprimons et abolissons lesdits deux livres; l'un, INSTITUTIONES DIALECTICÆ, l'autre, ARISTOTELICÆ ANIMADVERSIONES, et avons fait et faisons inhibitions et défenses à tous imprimeurs et libraires de nostre royaume, pays, terres et seigneuries, et à tous nos aultres subjects, de quelque estat ou conditions qu'ils soient, qu'ils n'ayent plus à imprimer ou faire imprimer lesdicts livres, ne publier, vendre, ne débiter en nosdits royaume, pays, terres et seigneuries, sous peine de confiscation desdits livres et de punition corporelle, soit qu'ils soient imprimez en iceux nos royaumes, pays, terres et seigneuries, ou aultres lieux non estans de notre obeissance : et semblablement audit Ramus de ne plus lire lesdits livres, ne les faire écrire ou copier, publier, ne semer en aucune manière, ne lire en dialectique ne philosophie en quelque manière que ce soit, sans notre expresse permission ; aussi de ne plus user de telles médisances et invectives contre Aristote, ne aultres anciens autheurs récens et approuvez, ne contre nostre dite fille l'Université et suppôts d'icelle, sous les peines que dessus.

« Si donnons en mandement et commandons par ces présentes à nostre prévost de Paris ou à son lieutenant, conservateur des priviléges, par nous et nos prédécesseurs roys, donnez et octroyez à nostre dite fille l'Université, que nostre présent jugement et ordonnance, il mette ou fasse mettre à deüe et entière exécution, selon sa forme et teneur, et à en faire souffrir et obeyr, contraigne et fasse contraindre tous ceux qu'appartiendra, et pour ce, feront contraindre par toutes voyes et manières deües et raisonnables, nonobstant oppositions et appellations quelconques, pour lesquelles ne voulons estre différé.

« Et pour ce qu'il est besoin de faire notifier, nosdites defenses en plusieurs lieux de nostre royaume, terres et seigneuries, afin de les faire observer, nous voulons qu'au vidimus d'icelles fait sous scel royal, ou signé après collation par l'un de nos amez et féaux notaires ou secrétaires, soit adjoustée foy comme au présent original.

« Mandons en outre à tous nos autres justiciers, officiers et à chacun d'eux, si comme il lui appartiendra, que nosdites défenses et injonctions ils fassent observer, en procédant par eux contre les infractions d'icelles, si aucuns y en a, par les peines cy-dessus indictes et aultres qu'ils verront estre à faire par raison. En témoing de ce, nous avons fait mettre nostre scel à cesdites présentes.

« Donné à Paris, le 10ᵉ jour de may, l'an de grâce 1543, 1544, et de nostre règne le trentième. »

Cette sentence fut publiée en français et en latin, répandue à Paris et dans toute l'Europe savante. Les érudits de cette époque, Govea, Galland, Turnèbe et Mélanchthon lui-même accablaient Ramus de leurs insultes, outrages d'autant plus lâches qu'ils restaient forcément sans réponse. Les disciples d'Aristote jouaient le novateur sur les théâtres de leurs colléges [1]. Lui souffrait et espérait ; ce ne fut pas en vain.

François Ier étant mort (1547), sans rendre justice à Ramus, il obtint du roi Henri II, grâce au crédit du cardinal de Lorraine, *mainlevée de sa plume et de sa langue.*

Il se servit bientôt de cette liberté, et adressa à la cour une requête sur laquelle le Parlement de Paris statua ainsi :

« Entre M. Pierre de la Ramée, demandeur à l'entérinement de certaine requeste du 9 mars, d'une part, et M. Jacques Charpentier, deffendeur d'autre. Après que Du Mesnil, pour le procureur général du roy eût conclu, ont advisé et remonstré à la cour que les professeurs et lecteurs du roy sont

---

[1]. Les écoliers, les clercs de la basoche furent, il faut le reconnaître, les vrais créateurs de la scène française. Dans les soties, les mystères, on critiquait les grands, le clergé, la noblesse, et le peuple applaudissait, se consolant ainsi un moment de sa misère. Le parlement lui-même se relâchait de son habituelle sévérité et souriait aux essais de la comédie naissante. — (V. *Curiosités des Parlements.* — V° Spectacles, par C. Desmaze. Gay, éditeur. Paris, 1863.)

instituez pour lire et enseigner dês professions plus requises et nécessaires, comme la langue latine, grecque et hébraïque, en médecine, philosophie et mathématiques. Vray est qu'il n'y a eu aucune détermination par escrit, combien y en doit avoir d'establis en chacune desdites professions, sinon par une forme de police et observance, qui semble avoir quelque chose de bon. Ne doute pas qu'il y en ait deux pour les lettres grecques, deux pour la philosophie et deux de mathématiques, laquelle profession est requise et fort nécessaire, en laquelle il y a moins de lumière et adresse pour y duire les étudians, ainsi est celle science renvoyée à des maîtres muets et à des leçons privées, par faute de bons lecteurs ou bien d'auditeurs qui ayent voulu et désiré y estre instruits. Et ont bien peu de gens veu lire Euclide en cette Université, combien que, à la diligence de la Ramée, il ait esté éclaircy.

« Vray est qu'il y a eu peu d'auditeurs, pour estre cette entreprise fort grande et dont bien peu de gens ont esté capables. Et le roy qui veut avoir un collége pour exercer les principales sciences en cette Université, ne veut pas laisser derrière les mathématiques. Oronce, de notre temps, en a esté le premier professeur ; après Paschalius, par sa mort, Dampestre pourveu, lequel a esté conseillé, de céder pour ne luy estre cette profession à main, et en sa place, Charpentier est pourveu par le roy, sur quoi y a eu quelqu'émeute, pour raison de laquelle on a eu recours au roy, afin d'éprouver ceux qui y entreront. Et de fait, y a lettre en papier dudit seigneur, pour les éprouver par les autres lecteurs du roy : lesquels assemblez ont fait entendre à Charpentier qu'il fallait subir examen, qui ne le veut souffrir, et sur quoy ils ont esté remis pour estre ouys... Pour le regard de Charpentier, la cour ordonne, par matière de provision, et jusques à ce que autrement en ait esté pourveu, qu'il jouira du bénéfice de lecteur du roy, suivant ce qu'il a présentement offert et promis, à sçavoir que, dedans trois mois, il commencera à lire Aristote au livre De Cœlo, le livre de la Sphère, par Proclus, ou bien les Éléments d'Euclide et de Sacro-Bono; et au surplus, mettront ceux qui ont esté cy devant pourveus par le roy des estats de lecteurs et professeurs royaux en cette ville, leurs provisions devers ladite cour, dedans trois jours, pour icelles veues et communiquées audit procureur général, et luy ouy en ses conclusions, ordonner ce que de raison, pour la distinction des professeurs et de la profession qu'ils font. » (Le 11 mars 1565.)

Charpentier monta donc dans sa chaire[1]; mais il a « été contrainct, non longtemps après, de quitter son Aristote, pourtant que n'estant seulement à la quatrième partie de son livre; il se vit réduit de deux mille escoliers qui estoient à la première leçon, à treize pauvres galoches... Le docteur a leu les trois derniers mois, depuis la St-Remy jusqu'au premier jour de l'an, (qui sont les principaux mois des bonnes estudes

---

1. Ramus, *Remontrances au conseil privé.* 1567.

de l'année), a leu, dis-je, tant seulement un Alcinoüs contenant quelques ramas de la philosophie platonique, et n'a leu rien autre chose. Pour ceste leçon qui n'estoit ni d'Aristote, ni d'Euclide, nommez en ses offres, a exigé de chacun de ses escoliers un teston. Messieurs, pensez l'insolence de ce docteur. Il y a eu jusqu'icy au collége du roy de grandes povretez; nous avons attendu un an, deux ans, trois ans, quatre ans, sans recevoir aucun gage. Jamais toutefois ne se trouva lecteur du roy qui prinst un seul denier des escolliers, pour la lecture royale, et cet apprentif, voire non apprentif, qui n'est qu'à la porte, qui n'est encore entré, et qui n'entrera jamais, si ce petit abécédaire d'Euclide en est ouy au beau commencement, va maquignonner la lecture royale ! Que feroit-il s'il estoit le plus ancien et le doyen de la compagnie ? Mais quand ce professeur de mathématiques, sans en faire profession, se voit contraint pour la troisième requeste, par moi présentée contre lui, commence à faire deux leçons, l'une en mathématiques, l'autre en philosophie, comment maistre Charpentier s'en acquitte t'il? Messieurs, il lit la Sphère du ciel, d'un auteur nommé de Sacro-Bono, qui est autant en mathématiques, comme l'on dirait Alexander de Villa-Dei en grammaire...

« J'avois presque oublié l'une des singulières louanges de nostre professeur, qui entend autant en la langue grecque comme en la science des mathématiques ; et néantmoins, pour persuader aux simples idiots qu'il estoit fort sçavant en grec, il a fait imprimer Alcinoüs, en latin, soubz son nom, comme s'il en eust esté le vray translateur ; et sur ces entrefaites, un estudiant de l'Université s'est venu complaindre à moi de ce que cette translation lui avoit esté soubstraite, par ce vénérable docteur. Et pour présente preuve de cette effrontée hardiesse, voilà Euclide en grec, qu'il en interpreste une seule ligne, je veux estre tel que je vous le descris. »

CHAPITRE III

Les Universités de France. — Réformation de l'Université de Paris. — Plan proposé par Ramus. — Le collége de Presles appelle le philosophe, dont la parole ramène les élèves, éloignés par la peste. — Ramus est nommé professeur d'éloquence et de philosophie au Collége de France. — Le chancelier de l'Hospital lui-même inclinait vers la liberté de conscience.

Depuis longtemps l'Université de Paris [1] ressentait le contre-coup des agitations, qui déchiraient le royaume. Déjà, sur bien d'autres points de la France des universités s'étaient élevées, à Toulouse (1229), Montpellier (1289), Avignon (1303), Orléans (1306), Cahors (1332), Angers (1364), Orange (1365), Aix (1409), Poitiers (1431), Caen (1432), Valence (1452), Nantes (1460), Bourges (1464), Bordeaux (1471), Reims (1547),

---

1. *Histoire de l'Université de Paris*, par Charles Jourdain. Paris, Hachette. 1862.

et elles contribuaient, par leur influence locale, à diminuer sensiblement le nombre des étudiants qui fréquentaient les écoles de Paris. Même sous François Ier l'opportunité d'une réforme frappait l'Université, qui, prenant l'initiative, demanda, en 1529, et obtint, en 1532, que des modifications partielles fussent apportées aux statuts de la Faculté de théologie et de la Faculté de droit.

Lorsque Henri II eut, en 1553, enjoint à l'évêque de Paris de travailler à l'extirpation de l'hérésie et à la réformation de l'Université, celle-ci réclama : *negotium reformationis in disciplinâ et moribus ad se pertinere respondit.* (V. Du Boulay, t. VI. p. 461.) Et en 1562, Ramus, un des maîtres que Henri II avait associés à ses desseins, soumit au jeune roi Charles IX un plan de réforme, qui embrassait toutes les branches de l'enseignement. Son projet publié sous ce titre : *Proœmium reformandæ Academiæ, ad Carolum nonum Regem. Parisiis*, 1562, in-12. Il fut traduit en Français, sous ce titre : *Advertissement sur la réforma-*

tion de l'Université de Paris au Roy, 1562, in-12, de l'imprimerie d'André Wechel.

Entre autres améliorations, Ramus proposait que, « dans les Facultés supérieures, les professeurs fussent astreints à faire eux-mêmes leurs leçons ; que les frais des actes [1] qui préparaient à la licence et au doctorat fussent diminués ; que, dans la Faculté de médecine, on substituât la lecture d'Hippocrate et de Galien, l'étude pratique de la science de guérir aux disputes qui, d'après l'ancien usage, occupaient les quatre années du cours ;

---

1. Suivant le calcul de Ramus, les frais d'examen de médecine, pour la seconde année d'études, étaient de beaucoup les plus considérables ; ils s'élevaient à 772 l. 5 sols, — ceux des années réunies montaient à 881 l. 5 sols.

Dans la Faculté de droit, par exemple, un arrêté du 13 juin 1534 fixait à 28 écus l'honoraire dû par le disciple à son régent. Le même tarif n'existait pas dans les autres facultés.

Pour parvenir à la maîtrise ès arts, il en coûtait : 50 liv. 13 sols; — au doctorat en médecine : 881 livres 5 sols; — au doctorat en théologie : 1002 livres ; le tout, sans compter le degré de licence, qui se vendait à l'enchère. Le vœu de Ramus est « que ces exactions soient supprimées, et que les gages des professeurs soient assignés sur tant de rentes et tant de revenus, que tiennent les moines, chanoines, abbés et évêques. »

En médecine, il propose, au lieu de thèses et argumentations, l'étude clinique.

qu'en théologie, les questions subtiles agitées par les scolastiques fussent plus utilement remplacées par des conférences, des sermons, la lecture de l'Ancien Testament en hébreu et du Nouveau en grec; qu'enfin, dans les colléges dépendant de la Faculté des arts les régents donnassent moins de temps à l'explication sèche des règles de l'art d'écrire qu'à la lecture des textes originaux et à des travaux de composition. » Les tendances calvinistes, que l'on reprochait à Ramus, empêchèrent ses nouvelles et pourtant bien pratiques réformes d'être adoptées.

Ramus essaya aussi d'introduire des modifications dans l'orthographe française, mais sa tentative ne fut pas heureuse, si l'on en juge par ces quatre phrases, que cite Regnier-Desmarais, dans son *Traité de grammaire française* :

> Dieu et le souverein metre,
> Un krétien doit tandre o siel,
> Les Fransoes eime le roi,
> Suivre l'example dé jen sage.

D'autres travaux plus importants, plus profonds

occupaient son esprit; aussi, grâce à eux, la réputation de Ramus grandissait tous les jours. En 1544, pendant la peste noire qui dévastait Paris, le collége de Presle était désert [1]. L'ancien recteur Nicolaus Sapientus [2] (Lesage) pria Ramus de venir y professer; le maître y consentit, et malgré le fléau, les élèves accouraient, en foule, recueillir la parole du savant professeur. Jaloux de ce nouveau succès, les Sorbonistes engagèrent Lesage à congédier Ramus, mais un arrêt du Parlement le maintint dans sa chaire.

Un honneur plus grand lui advint encore. Au mois de juillet 1551, il fut nommé *Professeur Royal en éloquence et en philosophie au collége de France* [3], que François Ier avait fondé (24 mars

---

1 Le collége de Presle, situé rue Saint-Jean de Beauvais, fut fondé (1370) par Raoul de Presle, conseiller et poëte du roi Charles V. — (V. 1364.)

2. Nicolaus Sapientus cujus munus incipit anno Domini millesimo quingentesimo tricesimo tertio, decembris decimo sexto [1].

3. Le collége de France, d'après l'intention de son fondateur, n'eut d'abord que des chaires de langues (grec, hébreu, latin),

1. Acta rectoria Universitatis Parisiensis. Bib. imp. Ms. latin. 9952.

1529). Ce fut surtout dans cette chaire qu'il développa largement la philosophie de Platon, ou plutôt la philosophie telle qu'il la comprenait; car il ne voulait plus, comme le faisaient ses adversaires, jurer sur les paroles du maître. Cherchant, dans la science de la sagesse, le moyen de rendre heureux tous les hommes, il y travaillait sans relâche.

Ses ennemis, à bout d'arguments, lui firent un procès sur la manière dont lui et ses collègues prononçaient la lettre Q. Les professeurs royaux disaient : *Quisquis, quanquam;* les Sorbonistes *Kiskis, Kankam*, vaines et bien stériles disputes ! Toutes ces obscures vexations n'interrompaient pas Ramus dans ses persévérants travaux. Du reste, faut-il s'étonner de ces querelles, alors que tant d'idées s'agitaient dans tous les cerveaux?

---

d'où le nom de *Collége des trois Langues*, sous lequel il fut d'abord désigné. On y ajouta successivement l'enseignement des sciences, de la médecine, de la chimie, de l'astronomie, du droit des gens et de la littérature.

Comme toujours, après la discipline et la servitude, on réclamait la liberté [1].

---

1. Dans la Picardie, comme partout, la persécution développa la doctrine nouvelle. En vain un édit de 1564 défendit d'exercer la religion calviniste à Landouzy, Gercy, Fontaine-les-Vervins, Rue de Bohain, Crépy, Roucy, Nogentel.

Déjà, un édit du 9 avril 1562, avait, *sur la requête du chapitre de Saint-Quentin, défendu en cette ville, tous conventicules, prêches, en dehors de la religion catholique.* Il était motivé par la présence à Saint-Quentin de quelques prédicants huguenots. Ils étaient secrètement favorisés par le lieutenant du bailli de Vermandois, qui avait admis, sous le serment de fidélité au roi, un prédicant, nommé le Ramasseur. Celui-ci dogmatisait dans les lieux retirés et les faubourgs, et ne tenait ses assemblées publiques que dans les champs, au pied d'un arbre planté sur une éminence, le long du chemin de Saint-Quentin à Bohain, et qu'on appelle encore aujourd'hui l'*arbre d'Omissy*, à un kilomètre de ce village.

Ne pouvant se réunir dans les villes, les réformés se réfugiaient dans les villages, catéchisant dans les veillées, dans les bois : « Il « y avait, vers 1561, en la rue de la Cailleuse, près les Bouleaux, « un nommé Georges Magnier, savetier de son mestier et accusé de « fausse monnoie; il allait passer les veillées des nuits ès maisons « de Lemé, avec une Bible qu'il portoit [1]. Il fit ensuite des assem-« blées et presches dans le bois de la Cailleuse, continua cet exer-« cice quelque temps, jusqu'à ce que la garnison de Guise eût « ordre de les charger rudement, qui les mit en desroute ; à cette « desconfiture, Georges Magnier, comme chef de ces assemblées, « estant fait prisonnier, puis convaincu du crime de la fausse « monnoie, fut condamné aux galères, y fut conduit, où il est mort. »

1. *Livre de Foigny*, par Jean-Baptiste de Lancy, prieur de l'abbaye de Foigny, écrit vers 1670. — Archives du département de l'Aisne. (Voir le livre du savant et modeste M. Amédée Piette : *Histoire de l'abbaye de Foigny*. 1846. Vervins, Papillon, éditeur.)

4.

D'ailleurs, dans ce siècle de fanatisme et d'irréconciable haine, l'Hôpital lui-même concevait la liberté de conscience, le droit qu'a tout homme de professer ce qu'il sent et ce qu'il pense, et il était interdit au chancelier de proclamer les principes qu'il voyait d'un esprit lucide et nourrissait d'une âme fervente. Dans le conseil du roi, il lui faut dissimuler sa pensée, il parle à Catherine de Médicis, devant Charles IX et le cardinal de Lorraine, puis il mécontente à la fois, par son impartialité précoce de deux siècles, catholiques et protestants. Oh! que d'amertume et de douleur durent peser sur cette grande âme! mais n'importe, l'Hôpital ne déserte pas son poste, il s'en laisse exiler, et s'en va, dans son petit enclos de Vignay, se préparer à mourir, catholique tolérant, dans la foi de ses pères [1], magistrat plein de foi dans l'éternelle justice.

---

1. Lerminier, *Introduction à l'histoire du droit*. Page 58. Paris, Chamerot. 1835.

Le chancelier L'Hôpital avait les fleurs de lis dans le cœur. — (L'Etoile. T. XLV, p. 57.)

CHAPITRE IV

Travaux de Ramus. — Ses écrits, sa correspondance avec les savants. — Lettre de Ramus au recteur de l'Université de Paris. — Les professeurs, même les lecteurs du roi, devaient appartenir à la religion catholique. — Persécution contre les hérétiques.

Déjà célèbre en Europe par sa traduction latine des lettres de Platon, Ramus commentait plusieurs traités philosophiques de Cicéron, les *Bucoliques et les Géorgiques de Virgile*. Il écrivait un *Essai sur les mœurs des anciens Gaulois* et un autre sur *la tactique de César*. Parfois, il descendait de ces hautes méditations pour rédiger des livres élémentaires, à l'aide desquels il simplifiait, pour l'intelligence des enfants, les préceptes de la grammaire, et les savants maîtres de Port-Royal confessent que *Ramus avait trouvé la véritable méthode pour enseigner la grammaire*. Il composa une rhétorique, dont les principes étaient extraits de Platon, d'Aristote, d'Isocrate, de Cicéron, de Quintilien. Pendant douze ans, il prit d'Orontius Finœus des leçons de mathématiques, puis, après la mort du jeune et savant Jean Pena, il démontra au collége du Mans les six premiers livres d'Euclide.

Ramus entretenait, avec les savants de l'Europe, une correspondance, dont nous avons été assez heureux pour retrouver quelques débris. Nous les offrons ici, comme un moyen sûr de faire apprécier le philosophe tout entier, cœur et esprit :

1563. « Petrus Ramus, regius Lutetiæ professor, Georgio Joachimo Rhetico regio Cracoviæ professori [1].

Si corporum nostrorum (mi Joachime), eadem libertas esset quæ animarum, nihil hâc epistolâ nobis opus esset ad te tam longo, tot interjectis

---

1. 203. Fonds N. D. *Recueil de Loisel*. T. 1ᵉʳ. — (Bib. imp. Manuscrit.)

nationibus, intervallo conveniendum. Equidem certe non solum facile, sed sermone, communicatione, consuetudine, mente denique totâ notus essem ; sed tamen quo loci, corpore adire non licuit, huc certe animo contendere statui, tibique absens exponere, quæ coram agere tecum maluissem. Multa adhuc in artibus ingenuis paulo accuratiore via instituendis, vivo logicæ organo conatus sum, in quibus geometria et astrologia præcipuum laborem attulerunt ; sed geometriæ labore ejusmodi fuit qui diligentiâ superari posset adhibitis præsertim bonorum authorum monumentis, quæ undique conquisieram et auxilio peritorum hominum, qui licet rari, tamen nonnulli in hoc erudito pulvere versarentur : ad astrologiæ autem formam, quam optassem componendam, nulla neque logicæ, neque copiæ vel opis : cujusquam librorum vel hominum adjumento satisfactura. Videbantur, cum tam involutam tamque perplexam hypothesibus disciplinam perspicerem ; tandem canonis tui libellus, quem inter authores ejusdem doctrinæ complures ad hoc studium mihi aliquot ante annis se posueram, iterum atque iterum perlectus ac subinde repetitus, mirifice nos excitavit ad bene sperandum tùm mathematico in numeris præsertim diligenter exercitato polliceretur astrologiam, non solum labore inventi Pythagorei et Gebrei, sed infinitis tabularum centuriis vacuam prorsus et liberam. Hic vero te ex animo vereque complexus sum, magnamque tibi pro tanto tuo in omnes præstantissimæ disciplinæ studiosos beneficio gratiam habui protinusque tuos de triangulis deque motibus inæqualibus libros per omnes bibliopolarum officinas requirendos curavi, sed aliud consequi non potui, quam credi abs te editos nondum esse.

Interea rediit ad nos e Polonia Calonius Portanus, nobilis adolescens, quondam noster discipulus, non solum litterarum ingenuarum notitia, sed variarum gentium peregrinatione virtutem egregiam consecutus : multaque mihi curiosus percontanti de tua singulari eruditione, de libris triangulorum et inæquabilium motuum, deque compluribus aliis abs te conscriptis, ita diserte et jucunde narravit, ut me tui cupiditate totum incenderit : addidit etiam te nonnullo invisendæ Galliæ desiderio teneri : quæ res mihi causa fuit non solum amoris erga te mei declarandi, omniaque amantissimi hospitis, si Lutetiam veneris studia officiaque pollicendi : sed multo magis eadem causa fuit sollicitandi et cohortandi tui ne tam nobiles tamque sæculis omnibus profuturæ meditationes perirent, sed protinus in lucem prodirent. Quin etiam his altiora præstares. Exercitasti canonis illius promisso non solum Germania tota (quæ jampridem una tutelam astrologiæ custodiamque suscepit), sed apud exteras nationes expectationem laudis admirabilem, quam agedum sustines fide, constantiâ, virtute.

Sed enim quoniam in divitias animi tui semel invasimus, audi quamnam præterea largitionem abs te in istiusmodi magnificentia fieri cupiam, consilium tuum singulare est et in astris collocandum, quo astrologiam magna laboris infiniti difficultate sublevandam cogitas. At si laborem totum tolleres, non partem laboris, supra astra omnia, meo judicio, te collocarem. Id vero te assecuturum arbitrarer si sublatis hypothesibus omnibus, tam simplicem astrologiam faceres, quam simplicem astrorum essentiam natura ipsa fecerit. Sed absque hypothesibus respondeat aliquis, cœlestium motuum dignitas retineri, numerus etiam continuari non potest.

Hæc, opinor, duo hypothesium patrocinia sunt : alterum enim illud est a Proclo, motum in stellis deprehendi ἄλθον, ἄριστον, ἄτακτον, ἀνόμαλον, rem divinis corporibus alienam et indignam, ut etiam deinde ruina dissolutioque cœli metuenda sit : ideoque a summis astrologis repertas hypotheses esse quæ εἰς αἰτίας Βελτίστους numeroque congruente definitas, ordinatas, æquabiles, conversionem quamque referent perpetuamque cœli constantiam defenderent ac tuerentur. At, inquam, inæquabilitas ista quæ accusatur, æquibilitas summa est ; primo in periodis et conversionibus totis, deinde in caulis, in commatis, in punctis denique singulis : temporaque cursus, recursus, stationes, regressiones, altitudines perinde in singulis separatim stata sunt ac rata, sic à Platone in extremo Legum septimo et in Timæo crimen hoc defenditur, affirmante stellas omnes ὁμόπολους, motibus hisce omnibus qui cernuntur, moveri non ulla infirmitate, quod hypothesium authoribus videretur, sed constantia mirabili, neque quidquam hypothesium machinis indigente, nullam igitur temeritatis culpam ἀνωμαλία, quæ dicitur in cœli motibus, sustinet, sed constantiam præclarissimi ordinis ostendit.

Nec inde ruina cœli metuenda fuit. Quid vero? Utrum numerus temporis sine hypothesibus continuari non potest? Hoc enim alterum est hypothesium patrocinium. Hic amabo te, complectere istam causam deque tuis thesauris eam depromе, quibus nobis necessaria demonstratione persuadeas (quod libentissimo alioqui crediderim), astrologiam solis arithmeticæ et geometriæ principiis et elementis fundatam, sine ullis hypothesibus præclare posse consistere. Primum fieri posse, an argumentum tibi nullum videatur, quod motus omnes, geometricis instrumentis animadverti possint et notari, imo semper animadversi sint et notati? Utrum vero, quod caput quæstionis est, continuatio ipsa futurorum motuum, per proportionem aliquam præteritorum, sine hypothesibus ullis collecta sit aliquando et quomodo ex historia temporum, quam tu notissimam tenes, judicium esto. At hypotheses, ut sit etiam memoriam tuam exsuscitem, e quatuor astrologorum sectis, quæ a Plinio statuuntur, Ægyptiorum, Græcorum, Latinorum, recordare, quæso, quæ Chaldæorum veterumque tum Ægyptiorum, tum ad Platonem usque Græcorum memorentur. Plato certe, quod Proclius in Timæo animadvertit, hypotheses nullas in astrologiam adhibuit : attamen tum in stellarum motibus ullam anomaliam vel confusionem esse pernegaret, occasionem (aiunt Aristotelis interpretes in libris ejus de cœlo) mathematicis præbuit hypotheses inquirendi, quibus planetarum φαινόμενων defenderent. Itaque Eudoxus Enidius primus hypotheses ἀνελίττουσαν, reperit quam cum Callipo Aristoteles correxit et emendavit. Et Aristoteles certe in quæstione de numero sphærarum cœlestium duodecimo philosophiæ libro hæsitans, et ad astrologos, tanquam judices idoneos, recurrens, non alias hypotheses quam Eudoxi et Callipi et suas de concentricis orbibus prominavit; nec in iis sibi satisfecit, ut et illic et in problematibus de altitudinis differentia significatum est. Paulo post a Callisthene, Aristotelis mandato, Babyloniorum observationes annorum 1903 in Græciam missæ memorantur, hypotheses tamen nullæ.

Pythagorei deinde (ut Proclius ait), concentricis explosis, epicyclos et eccentricos attulerunt: utrum autem hi Pythagorei Cæsarem et Sosigenem secuti sunt, considerato, hypothesiumque originem et tanquam natalem, cum tanta tamque longæva astrologiæ ætate comparato et judicato utrum astrologia aliquando, sine hypothesibus fuerit, et qua commoda ratione notatis et observatis stellarum motibus possit sine hypothesibus, in annum centesimum et millesimum prædici conjunctio et affectio siderum quælibet futura. Enimvero (ut quod summum hic arbitror adjungam), videtur non solum logicæ legibus valde contrarium, sed omnino prope dicam, in sacra et cœlesti doctrina, commenta præsertim manifeste falsa atque absurda permisceri. At hypotheses epicyclorum et eccentricorum, commenta falsa et absurda esse, epistola tua, ni fallor, Copernico præposita, manifeste ex epicyclo Veneris ostendit. Imo vero Proclus ipse ad finem ὑποθέσεως, has hypotheses quamvis facillimas omnium, quæ antea fuerant, attamen commento supino confictas esse profitetur, errareque in epicyclis et eccentricis graviter astrologos, sive figmenta tantum putent esse, quia per ea quæ in natura rerum non sint, doceant caussas naturalium motuum (sin putent ὑπόθεσιν habere), multo gravius errare, quia labefactent globorum cœlestium continuitatem, alium epicyclis, alium ipsorum globo motum tribuendo, corporaque variis modis dissecando, implicando, dissipando. Tum vero planorum atque intervallorum caussas nullo modo ab hypothesium astrologis assignatas ait esse. Unde concludit valde præpostero progressu ab hujusmodi astrologis non ex hypothesibus conclusiones, quod cæterarum artium exemplo faciundum fuit, sed e conclusionibus hypotheses deduci. Quare tantum tantæ artis elenchum, tanquam Gordium aliquem nodum dissolvendum aut certe frangendum tibi proponito, et existimato non Asiæ, sed astrologiæ regnum solutionis præmio esse propositum. Neque porro verendum est ne quid dicat sublatis hypothesibus magnam pulcherrimarum demonstrationum copiam perituram esse. Pulchritudo enim e falsis coloribus inducta, veram naturæ speciem ac venustatem nihil exornat, sed omnino deformat et corrumpit. Quamobrem per ego te deos illos oro (de quorum domiciliis ac templis agimus) suscipe curam præstanti industria tua dignissimam, ut astrologia figmentis hypothesium per te liberata, astrorum suorum lumina pari splendore animis hominum ostendat, atque natura oculis contemplanda proponat. Hoc numero majus nullum esse arbitror, quo ad sempiternam nominis tui gloriam genus hominum tibi possis obligare.

Vale ac si quid nobis, quod valde spero, responderis, litteras tuas ad D. Camerarium doctissimum virum et tui amantissimum mittito, ut ab eo tutius ad nos perferantur. Vale rursum. Lutetia, in Gymnasio Præleo, 8 calend. sept. 1563.

(24 août 1563.)

On lit sur le dos du quatrième feuillet :

Lettre de Ramus à Rheticus,
professeur à Cracovie,

d'une autre écriture que celle de la lettre.

Les archives de l'Empire possèdent (H. 2874) de précieux documents parmi lesquels on lit des recettes et dépenses signées par Ramus :

Les premiers comptes « que rend maître Pierre

de la Ramée, lecteur ordinaire du roy, principal du collége de Presles, comprennent une année du 23 mars 1553 à mars 1554. »

La recette générale de Soissons et Lannoy était de 1463 liv. 13 sols.

La dette générale de 236 liv. 15 sols.

(Arch. de l'Empire, sect. admin., 1545-1573; H. 2874².)

Le collége de Presles possédait dix-huit maisons à Paris, pour la plupart, désignées *par les enseignes qui y pendaient, quartier Saint-Marce., Saint-Denis, Lavandières*. Il possédait aussi des maisons à Soissons et des biens ruraux à Crouy, Vailly, Pierrefitte.

Dans le compte qui va de septembre 1552 à août 1553 :

Item baillé à M° Ramus à Breyne, lorsqu'il voullut aller à Vailly, X sols.

Item baillé pour les gants de M° Ramus. 11 sols.

A partir du 1ᵉʳ septembre 1552, Ramus rend compte, chaque année, des dépenses du collége de Presle; la 1ʳᵉ mention est conçue ainsi : Compte que Mᵉ Pierre de la Ramée, lecteur ordinaire du roi, principal du collége de Presle, etc.

Chaque compte rendu porte le même titre.

En 1554, item pour 2 voyages faits par ledit rendant compte (Ramus) tant sur les terres dudit collége pour la visitation dicelles qu'à Amigny, pour accorder un procès contre les Célestins de la Villeneufve les Soissons, a esté payé, en dépense, la somme de quatre-vingt livres, soixante sols.

Item, audit rendant compte, pour ses gages à lui ordonnés, pour la charge et administration dudit collége et confection de ce présent compte... 35 livres, 60 sols[1].

En 1561, Mᵉ Pierre de la Ramée, principal du

---

1. On trouve parmi les signataires des comptes, Hugues de la Ramée, Claude de la Ramée, Antoine de la Ramée.

Celui qui rend compte, le 25 *août* 1572, se nomme Claude Sers, chapelain de la chapelle Saint-Jacques, Mᵉ administrateur et principal du collége de Presles.

collége de Presle rend compte à la communauté, tant en réceptes qu'en mises par lui faites, pour un an, en commençant au 1ᵉʳ jour de mai 1561 et finissant à pareil jour 1562, ainsi qu'il s'ensuit,

Suit le détail [1] :

. . . .

Ce compte a été fait et clos le jourd'hui, 1ᵉʳ jour de mai, l'an mil cinq cent soixante-deux, par nous soussignés.

PIERRE DE LA RAMÉE. (Sign. Aut.)

En 1562, compte que Mᵉ Pierre de la Ramée, principal du collége de Presle, fondé en l'Université de Paris, rend à la communauté dudit collége, tant en réceptes qu'en mises par lui faites par ceux qui en avaient la charge, durant les troubles en son absence et ce, pour 2 ans, du 1ᵉʳ mai 1562 à pareil jour 1564,

Suit le détail.

Signé : P. DE LA RAMÉE (S. A.)

---

1. Archives de l'Empire, H. 2874,

En 1564   Pareil compte avec signature;
   1565   id.
   1566   id.
   1567   id.
   1568 à 1571 id.
   1572   id., mais pas de signature de Pierre de la Ramée, bien que le compte soit arrêté au 25 juin 1572.

Parmi les signataires, il y a un Jehan de la Ramée.

« Le compte de Noël 1571 à la Saint Jean-Baptiste 1572, que rend maître Pierre de la Ramée, administrateur du collége de Presle, fondé par l'Université de Paris, est signé à la fin, 30 juin 1572, le lendemain de la Saint Jean-Baptiste, par Claude Serain, principal chapelain, pourvu du collége de Presle. » (Arch. de l'Empire. Collége de Presles, sect. administrative, H. 2874^2.)

« Le compte du 25 août 1572, à pareil jour 1573, est rendu par M° Claude Serain, chapelain de la chapelle Saint-Jacques, administrateur et principal du collége de Presle. » (Arch. de l'Empire. Collége de Presles 1545-1573, sect. adm., H. 2874².)

Dans une quittance notariée du 2 juin 1563 Ramus est qualifié « de noble et scientifique personne, maître Pierre de la Ramée, lecteur ordinaire du roi, principal du collége de Presle. »

Le payement est fait en rentes sur l'Hôtel-de-Ville [1].

Vers 1564, Ramus s'adressant au sénat et au peuple de Bologne écrivait : « Je suis Français, et depuis bien des années, soutenu dans mes études par les bienfaits du roi. Je me dois donc tout entier d'abord à mon pays, ensuite à mon roi : Sum Gallus et Galliæ Regis beneficio, jàm multos annos in meis studiis sustentatus : debeo patriæ primum, deinde Regi meo me ipsum totum. » (Epist. V. Freig., p. 34.)

Présent, il affirmait ses amis par ses paroles;

---

[1]. A. Monteil, *Traité des matériaux manuscrits.*

absent il les soutenait par ses lettres affectueuses et dévouées ; il faut citer celle-ci :

« *Petrus Ramus Rectori et academiæ Parisiensi S* [1].

« Août 1568.

« Quem animum præsens secundis adversisque rebus vestris præstiti, eumdem absentis expectate. Quâ autem mente ac voluntate ergà vos adhuc fuerim, pignora duo duarum pro vobis legationum tabulis vestris consignata testificantur : alterum vestræ libertatis confirmatis privilegiis ; alterum salutis, alumnis academiæ ab acerbo supplicio conservatis. Nostræ liberalibus artibus illustrandis vigiliæ tertium dignitatis pignus ad illa duo aggregare contenderunt. Jam vero cum status temporum studiis et exercitationibus pristinis tam aversus incidisset, impetravi a christianissimo rege veniam pergrinationis annuæ, tamque liberæ legationis ad nobiles christiani orbis academias invisendum,

---

1. Bib. imp. Recueil de Loisel. — N. D. 203. Manuscrits.

præstantesque ingenio et doctrina homines salutandum, et quidem ea lege atque conditione, ut academiæ nostri ortus progressusque parenti rationem absentiæ meæ fructumque omni officio ac potius pietate redderem.

« Quamobrem sperate ad quascumque oras accesserit Petrum Ramum vestræ amplitudinis amantissimum fore ac studiosissimum. Valete. »

En 1568 (juin et juillet), l'Université de Paris obtint du roi, puis du Parlement « que tous les professeurs, mesmes les lecteurs du roy, appartiendraient à la religion catholique. » La foi est ordonnée par justice ; le 20 novembre 1570, un nouvel arrêt fut rendu contre les hérétiques. La persécution et les bûchers s'allumaient partout, mais Ramus luttait, avec la hauteur et l'énergie d'une profonde conviction.

Il pressentait que la liberté religieuse amènerait bientôt aussi la liberté dans le monde politique et civil.

Pour combattre les tendances nouvelles, Rome

convoque des conciles, crée l'ordre des Jésuites, ranime le tribunal de l'Inquisition, et appelle à son aide la royauté, avec laquelle des luttes violentes avaient été échangées [1] tant de fois.

---

[1]. Ce sont les grands seigneurs protestants qui, par leur ambition, leur esprit remuant, leurs téméraires entreprises, ont tout d'abord compromis les effets de l'édit de Nantes. — A leurs provocations aveugles revient la responsabilité des premières fautes ; les séditions n'excusent pas la persécution, mais elles expliquent comment le gouvernement de Louis XIII renonça à la politique tolérante de Henri IV, et quand Malherbe adressait au roi ces vers célèbres :

> Donc un nouveau labeur à tes armes s'apprête,
> Prends ta foudre, Louis, et va, — comme un lion,
> Donner le dernier coup à la dernière tête
>   De la rébellion,

le poëte exprimait alors la pensée de toute la France. (Ch. Weis, *Histoire des réfugiés protestants de France.*)

Le pacte définitif d'alliance entre le catholicisme et la royauté ne devait être signé que sous Louis XIV ; son ministre Letellier détruit l'ouvrage de la sagesse d'Henri IV et de Richelieu. L'exécution de l'édit de Nantes demeure inutile, porte le préambule de la fameuse ordonnance du 22 octobre 1685. — Neuf jours après cet acte (31 octobre 1685) Letellier meurt en s'écriant : *Nunc dimittis servum tuum, Domine* ; et Bossuet abaisse son éloquence et son génie devant cette tombe ! — Le marquis de Louvois, héritier des violentes intentions de son père, appuie les conversions par des régiments et lance les dragons du roi dans cette croisade de la force. — (Voir la savante *Histoire de Louvois*, par M. Camille Rousset, et la *France sous Louis XV*, par M. Alphonse Jobez. — Didier, éditeur.)

CHAPITRE V

Lettres patentes déterminant, en cas de vacance, le mode de nomination pour les professeurs royaux. — Guerre civile. — Après la paix, Ramus, autorisé par Charles IX, visite les Universités d'Allemagne. — Son voyage dans ce pays ressemble à une suite de triomphes.

Les épreuves n'ôtaient rien à cette grande âme de sa prodigieuse fermeté, elles semblaient même la plus fortement retremper [1]. Ramus sortit victorieux d'une lutte dans laquelle ses adversaires avaient espérer l'accabler [2]. En effet, par lettres pa-

---

1. Félibien, *Hist. de Paris*. T. II, p. 1106.
2. L'édit de janvier 1562, qui accordait à tous la liberté de conscience, fut révoqué par un autre édit du 26 mai suivant, proscrivant l'exercice de la religion réformée dans l'intérieur des villes. — Ordre formel était, par suite, donné aux ministres calvinistes et aux réformés en général d'en sortir.
Dès que cet édit fut publié à Soissons, les magistrats mandèrent le ministre, établi dans cette ville, en leur présence, et lui signifièrent l'injonction immédiate de quitter cette localité. — Les autres calvinistes obtinrent, pour s'éloigner, un délai qui ne devait pas dépasser le mois de juin 1562. (Leroux, *Hist. de Soissons*. T. II, p. 178.)
En 1562, les protestants s'étaient tellement multipliés à Soissons

tentes données à Moulin, le 7 mars 1566, et enregistrées le 2 avril suivant, « le roi veut que quand il vaquera une place de professeur royal, on le fasse savoir à toutes les Universités les plus fameuses, afin que ceux qui se sentiront dans la disposition de la disputer au concours, viennent se présenter à l'examen des autres professeurs du même collége et disputer la chaire vacante, laquelle sera donnée, par le roi, à celui qui, au rapport du doyen et des lecteurs, aurait déployé le plus de capacité, dans ce combat littéraire. »

---

et dans les villages voisins, qu'ils firent une *cène générale* dans cette ville, le 28 décembre, à l'occasion de la fête de Noël, et cette réunion eut effectivement lieu dans une maison particulière de Soissons. Un prêche fut ensuite établi à Belleu, village qui appartenait alors à l'évêque de Soissons. (*Hist. de Soissons*, par Leroux.)

1567. — Une ordonnance des maire et échevins de Saint-Quentin y règle l'introduction et le séjour des étrangers, ainsi que l'établissement de ceux de la religion prétendue réformée. — Le 26 janvier 1603, une ordonnance rendue sur requête, par Henri IV, veut que l'édit de Nantes soit observé et les règlements de police appliqués indifféremment à toutes personnes, sans distinction de religion, à Saint-Quentin. (Archives de l'Hôtel-de-Ville de Saint-Quentin. — Liasse 39-1567-1568.)

Depuis l'année 1563, Ramus s'efforçait de propager les mathématiques ; la seconde guerre civile lui fit suspendre ses leçons et l'obligea de quitter Paris, pour se réfugier auprès du prince de Condé. En 1567, il était à la journée de Saint-Denis, en philosophe, et ne prit aucune part à ce combat.

Quand la paix fut venue, Ramus, peu confiant dans l'apparente sécurité qui se montrait alors, demanda à Charles IX la permission de visiter les Universités de l'Allemagne. Le roi accorda l'autorisation au savant et, de plus, lui continua, pendant son absence, son traitement de professeur Royal. *Le Mémorial de la Chambre des comptes* (1572) porte : « décharge à Pierre de la Ramée, professeur du Roy, de la lecture ordinaire qu'il est tenu de faire, sans préjudice de ses gages et droits. » Ce voyage, à travers l'érudite Allemagne, où la réforme avait fait de si rapides progrès, fut, pour Ramus, une véritable série de triomphes. A Francfort, il fut reçu par Jean Sturm, recteur de l'Université, qui vint le féliciter à la tête de l'Académie et de la noblesse du pays. Mêmes honneurs l'attendaient à Fribourg, à Bâle, où il séjourna peu de jours. Par ses adieux aux habitants de Bâle on peut juger de l'accueil flatteur qu'il y avait reçu... « Quapropter, Viri Basilienses, Petrus Ramus, discedens, jucundi, liberalis, humani hospitii memor, grati animi monumentum apud vos esse voluit. » A Turin, Henri Bullinger l'accueillit avec grande solennité, et l'invita à un repas, auquel étaient conviés les érudits Jean Simler, Rodolphe Gualter, Louis Lavater, Wolf et Stichius. Les citoyens de Turin s'associèrent aussi aux fêtes données par leurs savants, et Ramus « demandant, à son arrivée, s'il s'agissait de quelque riche mariage : C'est, lui répondit Bullinger, notre cité qui t'offre ces fêtes, dignes d'un mariage. »

De là, Ramus visita les bords du Rhin et les villes qui en sont voisines, et il arriva à Heidelberg, où une affectueuse hospitalité l'attendait chez Emmanuel Tremellius, le plus érudit professeur d'hébreu de cette époque. Il se lia aussi avec les sénateurs de ce pays et avec le théologien Olivianus Dalheneus. Le prince Palatin lui-même, premier électeur de l'empire, au départ de Ramus, lui donna son portrait encadré en or.

Deux faits marquent le séjour de Ramus à Heidelberg; c'est là qu'il fit, pour la première fois[1], profession de la religion protestante et qu'il fut admis à la cène, et toutes les fois qu'il accomplit cet acte, il le renouvela, avec une grande crainte de Dieu (1568).

De plus, il professa dans cette ville, à l'admiration des vrais savants, mais ses premières leçons furent troublées par des huées et des sifflets; toutefois cette animosité passagère tomba vite devant la science du hardi philosophe, et fit bientôt place à la plus respectueuse admiration [2].

De Heidelberg Ramus se dirigea sur Francfort, où il fut accueilli par les illustrations de la science

---

1. Freigius, p. 34. — Wadington, p. 85.
2. Banosius.

et de la réforme, Jean de Clauburg, Arnold Heingelbert et Jean Ficardus. Ses études sur l'optique l'entraînèrent à Nuremberg, dont les ouvriers excellent dans la confection des instruments de précision. Il y vit, comme toujours et partout, les plus savants, le mathématicien Christian, Etienne Prichtel, Christophe Hartesianus, le médecin Joachim Camerarius, et enfin son hôte Manfred Balbanus. Après Nuremberg, Ramus se rendit à Augsbourg, où il fut reçu par le consul Jean Baptiste Hainzelius, qui le mit en communication (1570) avec le jeune Tycho-Brahé[1], le rival de Copernic : ce futur professeur de Kepler lui montra les télescopes, dont il se servait pour ses observations astronomiques. A cette entrevue assistaient Jérôme Wolf et, son collègue dans le professorat, Jean Majeur [2].

---

1. Né en 1546, mort en 1601.
2. W. Kastus, p. 86.

CHAPITRE VI

Après avoir parcouru l'Allemagne et la Suisse, Ramus revient en France, rappelé par son *royaume de Presles*. — Montluc lui propose de venir en Pologne. — Refus de Ramus. — La Saint-Barthélemy. — Mort de Ramus.

Après avoir rapidement parcouru le Wurtemberg, la Bavière, la Souabe, Ramus y apprit la conclusion du traité de Saint-Germain (8 août 1570) et se dirigea vers la Suisse. Il vit Berne en passant, et il recueillit toutefois les félicitations et les hommages du consul Steger, de Zerquinata, de Jean Haller, de Benoît Aretius et de P. Chiori. De là, il allla visiter Lausanne et Genève, *ces délices du monde chrétien*, comme il les appelait. Il espérait enseigner publiquement à Genève, mais il en fut détourné par Théodore de Bèze [1]. Il fut accueilli

---

1. Théodore de Bèze, plus tard disciple de Calvin, avait été, en

cependant par les savants, et, à leur demande il explique, pendant quelques jours, la *première Catilinaire de Cicéron* [1].

A Lausanne, même accueil, même enseignement, suivi du même enthousiasme. Des offres séduisantes furent faites à Ramus, mais il les refusa toutes, avec désintéressement, rappelé en France, où ses amis et son collége de Presles l'attendaient (1571), son *royaume de Presles*, comme il disait. Cependant, ses ennemis veillaient, et parmi eux

---

1542, prieur de l'abbaye de Villeselve en Vermandois, laquelle dépendait de Vézelay et devait 1500 livres aux Minimes de Chaulny. (Bib. imp. Ms. de don Grenier.)

1. Voir *Epistre de Jacques Sadolet*, cardinal, envoyée au sénat et peuple de Genève, par laquelle il tasche les réduire soubz la puissance de l'évesque de Romme, avec la responce de Jehan Calvin, translatée de latin en françois. 1540. — Réimprimé à Genève, chez Fick. 1860.

Le Livre du recteur — Catalogue des étudiants de l'Académie de Genève. 1559 :

Que les escholiers publics viennent au recteur pour faire escrire leurs noms et signer de leur propre main la confession de leur foy. (Ordre du collége de Genève.) — 1 vol. in-8°, imprimé à Genève, chez Fick.

Voyez *Organisation de l'instruction publique dans l'Empire romain au quatrième siècle*, par M. de la Saussaye, recteur de l'Académie de Lyon. 1864.

Carpentier ; ils suscitèrent contre lui des hostilités, en haine de la religion réformée, et lui aliénèrent, pour un temps, les bonnes grâces de son vieil ami le cardinal de Lorraine. Il s'adressait à lui, pressentant une fin tragique [1]. « Quamobrem te obtestor per canos utriusque nostrum..., perfice ne ætatum nostrarum extrema ab initiis discrepasse, neve cursus annorum nostrorum tragicos exitus habuisse videantur. » Vaine prière, la mort venait ; Ramus aurait pu l'éviter s'il avait consenti à partir (août 1572) avec Jean Montluc, évêque de Valence, ambassadeur en Pologne [2]. Montluc lui proposait une forte somme d'argent et lui disait : « Il

---

1. Epist. I ad. Carol. Lothar. 1570. — V. W. Kastus, p. 90 et Nancel, 64.

2. Ramus, par son éloquence, agissait puissamment sur les esprits ; étant en compagnie de M.M. le prince et l'amiral, au voyage de Lorraine, leurs reitres ne voulant passer vers la France qu'ils n'eussent de l'argent ; après qu'ils en eurent un peu touché, par quelques boursillements que les huguenots eurent faits entre eux, et que M. Ramus les eut harangués, ils en furent gagnés et menés au cœur de la France, pour faire assez de maux. (Brantôme, *Mémoires des hommes illustres*. T. II, p. 55.).

V. Ordre de marche de Henri de Valois, duc d'Anjou, roi de

me faut un orateur non-seulement habile à parler, mais surtout un honnête homme, car la langue d'un honnête homme ne peut être vénale. » Ramus refusa : peu de jours après eut lieu le massacre de la Saint-Barthélemy (24 août 1572); comme huguenot et comme platonicien, Ramus devait y trouver la mort. Le 26 août, des sicaires dirigés par Charpentier, l'ennemi acharné de Ramus [1], assiégent le collége de Presles, enfoncent les portes et y découvrent le philosophe dans une cave. Après lui avoir extorqué une grosse somme d'argent, un des meurtriers lui fait une blessure au bras, ce fut le signal du massacre [2], et les assassins lui por-

---

Pologne. Rolle des divers seigneurs gentilshommes et autres qui accompaignent le roy au voyage qu'il faict présentement en son royaume de Pologne. (Pièce avec signature de la main du roy.) 14 décembre 1573. Bib. imp. (Ms. Fr. 6392), Coll. Dupuy.

1. Varillas, *Histoire de Charles IX*, livre IX. — De Thou, *Histoire de mon temps*.

2 ..... Le pâle Charles IX, ce disciple de Ronsard, ce royal poëte, tirait sur les hérétiques ses sujets, et Muret, le Cicéronien, commettait cet élégant et abominable discours en l'honneur de la Saint-Barthélemy : *Oratio XXII pro Carolo IX, Galliarum Rege Christianissimo*.

Enfin, Charles IX, encore tout couvert du sang des calvinistes,

tent de nombreux coups de poignard. En rendant l'âme, le philosophe invoquait son Dieu, « qu'il avait seul offensé, et le priait de pardonner à ses aveugles bourreaux. » Il s'écriait : « Tibi soli peccavi, o Jehovah, et malum coram te feci, judicia tua, veritas et justitia : miserere mei et interfectoribus ignosce nescientibus quid faciant. » Les meurtriers n'avaient pas encore assouvi leur rage, ils jetèrent le corps sanglant par la fenêtre, on le traîna ignominieusement dans les rues de la ville, et des écoliers, excités par leurs régents, « frappaient le cadavre avec des escourgées, au mépris de sa profession, » nous dit un contemporain.

Enfin, un chirurgien coupa cette tête calme, qui avait tant et si noblement pensé ; le tronc fut jeté dans la Seine. Ramus avait alors cinquante sept ans.

---

disait lui-même, dans le préambule de son ordonnance de 1572, immédiatement après la Saint-Barthélemy : « Notre intention a toujours été de gouverner plutôt par douceur et voie amiable que par force, en conséquence prononçons l'abolition du passé..... »

Comme l'a si bien dit un éloquent historien [1] : « Dans le terrible déchirement du xvi° siècle, quand la liberté se hasarda à venir au monde, quand la nouvelle venue, froissée, sanglante, semblait à peine viable, nos rois, quoi qu'on pût dire contre elle, l'abritèrent au collége de France. Mais l'orage vint des quatre vents.

« La scolastique réclama, l'ignorance s'indigna, le mensonge souffla de la chaire de vérité ; bientôt le fanatisme assiégea ces portes ; il s'imagina, sans doute, le furieux fou, égorger la pensée, poignarder l'esprit. Ramus occupait cette chaire ; le roi, c'était Charles IX, eut pourtant un noble mouvement et lui fit dire qu'il avait un asile au Louvre. Ramus persista. Il n'y avait plus de libre en France que cette petite place, les six pieds carrés de sa chaire, assez pour une chaire, assez pour un tombeau. Il défendit cette place et ce droit, et il sauva

---

1. Mich let, *Histoire de France*.
Le Parlement de Paris, par Ch. Desmaze, p. 201. — Cosse, éditeur. 1860, Paris.

l'avenir. Il mit là son sang, sa vie, son libre cœur. »

Dans la Picardie, il n'y eut à la Saint-Barthélemy que de très-rares massacres à déplorer ; dans cette province, l'humanité a toujours prévalu, dans les moments d'agitation populaire.

« Le 24 août 1572, on permit, à Soissons, aux protestants de sortir de la ville, en toute liberté. — Le 29 août, trois protestants qui avaient refusé d'user de cette faculté furent tués[1]. »

---

1. Dormay, *Histoire de Soissons*. T. II, p. 493.

CHAPITRE VII

Fondations utiles laissées par Ramus. — Sa vie. — Son désintéressement. — Son patriotisme.

Cet homme, qui venait de tomber si glorieusement, — martyr à la fois de la liberté philosophique et de la liberté religieuse, n'avait pas oublié, dans son testament [1], son ingrate patrie. Sur son revenu annuel de 700 livres, il léguait au Collége Royal 500 livres de rentes sur l'Hôtel-de-Ville, pour l'entretien d'un professeur de mathématiques, et il nomma, pour cette chaire, son ami Reisner, qui ne « devrait la garder que trois ans. — Après ce délai, elle serait disputée en un concours, auquel seraient invités le premier président du Parlement, le premier avocat général, le prévôt des marchands et les échevins. »

---

1. Voir ci-dessous aux pièces justificatives.

Le Parlement, « sur requête des prévôts et échevins (17 mars 1573), alloua la somme à l'avocat Jacques Gohorry, pour continuer l'histoire de France de Paul Emili; » ce ne fut qu'en 1576 qu'on revint aux intentions du fondateur, en donnant la chaire à Maurice Bressieu. — (Archives de l'Empire; section judiciaire; registres du Parlement de Paris.)

Ramus était grand; sur sa belle tête [1] était marquée l'empreinte du génie; toujours levé avant l'aurore, il passait le jour à lire, à écrire ou à méditer. Avide de s'instruire, il se plaisait à discuter et à conférer non-seulement avec les docteurs, mais même avec les élèves. D'une grande sobriété, il ne faisait que deux repas par jour, et ne mangeait que du bouilli; il fut vingt ans sans boire de vin. Longtemps, il coucha sur la paille; malade, ses seuls médecins étaient la diète et l'exercice, sur-

---

1. Voir ses portraits à la Bibliothèque impériale de Paris (section des Estampes, n°.2).

tout le jeu de paume ; il évitait les conversations déshonnêtes comme un poison, et mourut vierge. Fils aimant, lorsqu'il ne pouvait aller voir sa mère, dans le Vermandois, il la faisait venir à Paris ; il nourrit, dans la vieillesse, son oncle Carpentier, qui lui avait fourni les moyens de quitter le village de Cus.

Son désintéressement mérite aussi d'être cité. André Dudilh l'invita à se rendre, pour professer, en Cracovie ; Jean Zapol, Waïvode de Transylvanie, essaya de l'y attirer, en lui promettant un traitement considérable et le rectorat de Weisembourg ; Ramus refusa toutes ces offres, comme il avait refusé celles de Monluc, qui l'engageait, nous l'avons dit plus haut, à aller en Pologne, après la mort du roi Sigismond Auguste, pour favoriser, par son éloquence, l'élection du duc d'Anjou. A l'exil, si brillant qu'il fût, le philosophe préférait la France, aimant mieux souffrir dans son pays, pour son pays, et y revenant pour mourir.

CHAPITRE VIII

Appréciations des historiens sur Ramus. — Tristes pressentiments du philosophe, ses consolations. — Résultats de ses leçons et de ses écrits. — Vers à sa louange.

Ainsi donc, et après avoir consacré ses facultés, son âme et sa vie à la philosophie, Ramus légua sa mort à l'admiration du monde savant. Voltaire, dans son *Dictionnaire philosophique*, le signale « comme fondateur d'une chaire de mathématiques au Collége royal de Paris, bon philosophe dans un temps où l'on ne pouvait guère en compter que trois ; homme vertueux dans un siècle de crimes, homme aimable dans la société, et même, si l'on veut, bel esprit. »

Le plus grand historien de la philosophie moderne s'exprime en ces termes, auxquels il n'y a rien à changer : « Voilà quel fut le sort d'un homme qui, à défaut d'une grande profondeur et d'une originalité puissante, possédait un esprit élevé, orné de plusieurs belles connaissances, qui introduisit, parmi nous, la sagesse Socratique, tempéra et polit la rude science de son temps, par le commerce des lettres, et le premier écrivit, en français, un traité de dialectique [1]. »

Ramus le disait lui-même, après tant d'épreuves et pressentant sa fin tragique : *il ne me manqua que la ciguë*, Nihil defuit mihi præter cicutam.

Tous les historiens ont rendu témoignage de son existence honnête.

« Je l'ai dit pour avoir connu par la vie qu'il a démenée, sur la fin de ses derniers jours, qu'il n'avait point l'âme autre que d'un homme de bien et vivant en la crainte de Dieu. » (La Croix du Maine, *Bibl. franç.*)

Tant que Ramus fut catholique, il assistait, chaque jour, à la messe et suivait les préceptes de sa religion. Une fois converti au protestantisme, il

---

1. V. Cousin, *OEuvres philosophiques*. — Didier, éditeur.

se distingua par l'observation des règles de cette nouvelle secte. (Freigius.)

Pour se consoler ou se retremper de ses luttes ardentes, Ramus chantait souvent les vers qui suivent :

> Committe vitam, rem, decus
> Dei unius arbitrio ;
> Animi tibi ex sententiâ
> Confecta reddet omnia.
> Illustris auroræ ut jubar
> Tua faciet ut sit æquitas,
> Ut luce virtus sit tua
> Meridianâ clarior.

La religion, la science, le dévouement à ses disciples, la vérité, furent le but et toujours les guides éclairés de sa vie. Il a pu s'égarer sur la route, mais en cherchant, avec ardeur, la sagesse et la vertu.

« Personnage de singulière recommandation, mais aussi grandement désireux de nouveautés, dit Étienne Pasquier, Ramus, jusque-là observateur de la foi catholique, se convertit à la doctrine de Calvin, vers 1561. »

Il le confesse lui-même, dans une lettre du 11

novembre 1570, adressée à son fidèle et dévoué protecteur, Charles de Lorraine :

« Pietatis quæstio gravior est, quasi leviter et inconstanter à patriæ religionis cultu, rituque discesserim ; si negligentiæ nomine in humanis litteris suspectus nunquam fui, in sacris multo minus esse debui, et tamen, inter illas opes quibus me ditasti, has etiam in æternum recordabor, quod beneficio Poessiacæ responsionis tuæ didici, de quindecim à Christo sæculis primum vere esse aureum, reliqua quò longius abscederent esse nequiora atque deteriora ; tum igitur quum fieret optio, aureum sæculum delegi, posteaque non destiti scripta excellentium theologorum legere, cumque ipsis theologis, ubicumque licuit, coram agere et communicare, et ad meipsum privatim erudiendum commentaria præcipuorum capitum conficere. »

Nous avons essayé, par cette esquisse, de faire, un instant, revivre un illustre compatriote. Puissions-nous avoir réussi !

Disons quel a été le résultat de son enseignement et de ses écrits[1] :

En philosophie, Ramus, combattant les subtilités d'Aristote et procédant de Socrate et de Platon, faisait descendre des nuages la raison, pour la placer sur terre. En rhétorique, il recommandait le culte des anciens et suivait les règles dictées par Cicéron et Quintilien, ne séparant pas l'éloquence du jugement. Pour les mathématiques et l'astronomie, il condensa les préceptes, en écartant les hypothèses inutiles.

Ses attaques contre Aristote, pour être acharnées, n'étaient point aveugles, et ne l'empêchaient pas de recueillir et de signaler ce qu'il y a de remarquable dans *l'Ethique et la Politique.*

---

1. En 1828, un temple protestant fut établi à Saint-Quentin.
Par ordonnance royale (26 août 1829) il fut formé des sections de l'Eglise réformée à Saint-Quentin, Hargicourt, Landouzy-la-Ville, Lemée, Esquehéries, Parfondeval. La population protestante est aujourd'hui d'environ 8,000 âmes, dans tout le département de l'Aisne, où la réforme existait dès 1562.

On résuma, dans les vers suivants, la gloire complète de notre philosophe :

> Invictus, Rame, es ; nam bis dua pectora gestas,
> Socratis, Euclidis, Tullii, Aristotelis.
> Arte es Aristoteles, methodo Plato, Tullius ore,
> Ingenio Euclides, Rame. — Quid alterius[1] ?

Il n'y a rien à changer aujourd'hui à cet éloge, et la postérité recueillie doit y joindre son approbation.

En retraçant la vie de Ramus, j'ai tenté de montrer la science, l'austérité aux prises avec les agitations religieuses du XVIe siècle et avec le fanatisme aveuglé. Ce sont là des exemples qu'il est bon de mettre en lumière; pour rendre justice au présent, — si riche de ses propres œuvres, — il faut le rapprocher parfois du passé. — Le christianisme fut la lumière, puisqu'il fut le triomphe de l'esprit sur le corps. — N'est-ce pas, en effet, le sentiment chrétien qui nous a portés où nous

---

1. Rami vita per Freigium.

sommes; n'est-ce pas lui qui a fécondé les germes de l'égalité et de la liberté modernes; et la démocratie en France, dans ce qu'elle a de sagement progressif, n'est-elle pas la fille de l'Évangile?

CHAPITRE IX

Testament de P. Ramus.

(PIÈCES JUSTIFICATIVES.)

Nous empruntons le texte du testament de Ramus à ses biographes [1] :

TESTAMENTUM P. RAMI.

In nomine Dei patris, filii, spiritus sancti.

« Ego Petrus Ramus, professor regius in [2] academia Parisiensi, animo quidem corporeque va-

---

1. Nancelius — Rami vita. — Banosius, Rami vita. — Wadington, de Petri Rami vita.
Testamentum Petri Rami cum promulgatione professionis mathematices a testatore ipso institutæ.
Parisiis apud Johanem Bessin, prope collegium Remense. 1625.
2. D'après Antoine Teissier, « le testament de Ramus était gravé, en cuivre, au collége de Cambray ou des Trois-Évêques, dans la salle en laquelle lisent les professeurs royaux, sur la porte de la chapelle. » L'oubli, — encore plus que le temps, — a effacé

lens, de vita autem cogitans cum per se debili, tum incertis susceptæ ad invisendum nobiles exterarum gentium academias peregrinationis casibus objecta, testamentum ita condo statuoque :

« Animum Deo, à quo factus est, in cœlestem beatorum familiam adoptandum commendo ; corpus terræ, unde ortum est, in judicii diem committo.

« Evectigali meo septingentarum libellarum in Parisiensi basilica annuarum, lego quingentas in stipendium mathematici professoris, qui, triennio, arithmeticam, musicam, geometriam, opticam, mechanicam, astrologiam, geographiam, non ad hominum opinionem, sed ad logicam veritatem in Regia cathedra doceat. Primum Fridericum Reisnerum, in tres primos annos, professorem eligo, nomino, creoque, ut inchoata communibus vigiliis opera, optica præsertim et astrologica, perfi-

---

l'inscription ; il serait bon de la relever enfin, comme le souvenir indélébile laissé par un professeur, deux fois bienfaiteur des étudiants, à la jeunesse laborieuse et pauvre.

ciat. Quo tempore, si ad methodum *Mathematico præmio* propositam, perfecta aut effecta studiose seduloque curaverit, triennium alterum prorogo. Exacto triennio, si quid secus, aut sexennio, si ex optato votoque faxit, novam electionem à professoribus Regiis sic institui volo. Professionis examen et jam professione ipsa perfuncto et cæteris omnibus cujuscumque nationis [1] mathematum studiosis, à collegii Decano in tertium mensem promulgator, interea prælegendi et ingenii explicandi demonstrandique facultas candidatis esto. Ad examen nemo nisi latinis græcisque litteris et ingenuis artibus, præter mathemata, reliquis instructus admittitor. Trimestri promulgationis præterito, candidati, præsentibus aut certe rogatis atque invitatis, Senatus Præside primo, primoque

---

[1]. L'Université de Paris se composait de quatre Facultés, celles de théologie, de médecine, de droit canon et des arts. — La Faculté des arts comprenait elle-même quatre nations, celles de France, de Normandie, d'Angleterre et d'Allemagne, puis de Picardie. — (Charles Jourdain, *Hist. de l'Université de Paris*. 1862.)

oratore Regio, tum mercatorum Præfecto, deinde professoribus regiis omnibusque omnino, quibus interesse libuerit, publicum examen subeunto, prælegendo septem diebus horam unam de præcipuis singulorum mathematum capitibus, octavo die respondendo et satisfaciendo problematis et theorematis omnibus, quæ contra à quolibet proposita fuerint. Ex omnibus examinatis, qui judicio professorum regiorum, omnium matheseos peritorum aptissimus ad mathematicam professionem videbitur, in triennium proximum eligitor; primaque prælectione, mathematum laudibus juventutem ad capessendum laudatæ scientiæ studium exhortator. Deinceps triennio quoque examen consimile esto, attamen professor, qui ante fuerit, cæteris vel paribus candidatis anteponatur. Si quo tempore, unicus omnium matheseos partium peritus inveniri non possit, propositum stipendium duobus dividitor. Qui sesquianno descriptam professionem æquis partibus exsequantur. Præfectum mercatorum et ædiles, in quorum custodia basilica urbis posita est, oro ut in perpetuam Parisiensis academiæ gratiam, vectigal illud perpetuum esse velint, ut si forte redimatur pecunia, in annuum reditum collocetur.

« E reliquis ducentis libellis lego centum Honorato Carpentario, avunculo meo, ejusque uxori, si superfuerit, et post utriusque obitum, filiæ eorum juniori et liberis.

« Centum libellas reliquias Alexandro, sororis meæ filio, si tamen progressum in litteris hoc munere dignum judicio meorum procuratorum, fecerit. Secus quotannis distribuuntor duobus doctissimis omnium et discendi studiosissimis Prælei gymnasii alumnis, in quinquennium tantum, et deinceps succedentibus aliis duobus consimiliter.

« Bona paterna maternaque legitimis hæredibus relinquo.

« Quæcumque mihi à gymnasio Præleo debentur, in arbitrio procuratorum meorum constituo. Bibliothecam et supellectilem reliquam, nominaque omnia, semisse altero pauperibus alumnis

Prælei gymnasii; altero, procuratoribus executoribusque mei testamenti, Nicolao Bergeronio et Antonio Loysello, discipulis quondam meis, modo advocatis in senatu.

« Quibus, quod ad quingentarum libellarum vectigal attinet, decanum regii collegii custodem adjungo et mortuis substituo.

« Scriptum mea manu, signatumque Lutetiæ Parisiorum in gymnasio Præleo, — Anno salutis 1568, — calend. Augusti.

« P. Ramus. »

Nos colléges et nos amphithéâtres, *bien qu'ils ne soient pas encore, comme local, partout irréprochables,* sembleraient luxueux auprès des anciennes écoles. Là, *un escabeau, deux chandelles* et quelques *bottes de paille*[1], jonchées sur la terre nue, composaient le mobilier des salles d'étude où, *dès cinq heures du matin,* les élèves, éveillés par la

---

1. A. Franklin, *Recherches sur la Bibliothèque de la Faculté de médecine.* Paris, 1864. Aubry, éditeur.

messe des Carmes et la sonnerie de prime à Notre-Dame, se pressaient pour entendre la parole des professeurs. Cet usage de faire asseoir les étudiants par terre, sur la paille[1], est fort ancien ; dès 1366, le pape Urbain V l'approuvait par ces motifs : « Scholares Universitatis Parisiensis, audientes suas lectiones, sedeant in terrâ, coram magistris, non in scamnis vel sedibus elevatis à terrâ, ut occasio superbiæ à juvenibus secludatur. »

---

1. La rue du Fouarre tirait son nom du vieux mot *fouarre*, *feurre*, qui signifie paille.

CHAPITRE X

Portraits de Ramus.

Les biographes anciens, notamment Plutarque, ne s'interdisent pas de marquer le rapport général de l'âme et du corps; à leur exemple, nous cherchons volontiers le secret des âmes dans les traits du visage, et nous croyons devoir indiquer aux lecteurs les portraits de Ramus.

La Bibliothèque Impériale (section des estampes) possède plusieurs portraits de ce philosophe :

1°. n° 126. — Pierre Ramus. — Gravure représentant le buste, de petite dimension.

2°. n° 16. — Petrus Ramus. — Aussi en buste.

3°. — Petrus Ramus, Gallus. La main droite sur une sphère, la gauche tient un compas ouvert sur un livre.

Au-dessous :

> Rame, tuis Gallis es, quod Latio fuit olim
> Romani princeps Tullius eloquii.

4°. — Petrus Ramus Math. Pro. Reg.

Nascitur,

An. 1515

Trucidatus 26 mai

1572

Même inscription que la précédente.

5° — Portrait entouré de branches d'olivier, portant ces mots enlacés : Labor omnia Vincit. — Petrus Ramus æta sue LVIII.

Au-dessous :

> Qui jacuit miseris mutilus, lacer, obrutus undis,
> Ramus ab obscæna jam revirescit humo :
> Efficit expressi rapiamur imagine vultûs
> Artificis doctâ linea ducta manu,
> Clara sed ingenii donec monumenta supersint,
> Vir meliore sui parte superstes erit.
>
>   Nic. Berg. Pi. Er. Po.

6° — Petrus Ramus æta 55 : Labor omnia vincit.

La main droite sur une sphère. — La gauche tient un compas ouvert sur un livre.

Sichem sculpt. et exp.

> Rame, σοφῶν decus, ingenuus dùm legibus artes
> Ex methodo vitam religione colis,
> Turba sophistarum te moribus ense recidit
> Vana supersitites ardua palma vires.

7°. — Petrus Ramus Gallus Philosophus

> Labor omnia vincit. Pe. Ramus æta. LV.
> Me malus in vitâ doctorum exercuit error,
> Plebs jugulat, patriæ rettulit illud amor.

Sous les n°⁹ 8 et 9 figurent des portraits semblables à ceux inscrits plus haut, n°ˢ 1 et 2, mais plus grands.

(Bibliothèque Impériale. Estampes, n° 2. Collection générale des portraits.)

CHAPITRE XI.

Bibliographie.

La vie de Ramus a été écrite par : Jacques Carpentier, *Animadversiones in tres libros institut. P. Rami*, 1555. — *Ad Exposit. Th. Ossati de methodo responsio*, 1564. — Jo. Th. Freigius, *In Petri Rami Vitâ*, 1574, Francfort, in-4. — Th. Banosius, *Petri Rami Veromandui Comment. de relig. christ.*, 1576. — La Croix du Maine, *Biblioth. Franc.*, 1772. — Scevole de Sainte-Marthe, *Éloges*, lib. II. — Nicolas Nancel de Noyon, *Petri Rami Veromandui Vita*, Paris, 1557. — Théod. Zuinger, *Theatrum vitæ humanæ*, 1604. — Etienne Pasquier, *Recherches de la France*, l. IX. — De Thou, *Histoire de son temps*, l. II, 1572. — Omer Talon, 1648. — Du Boulay, *Histoire de l'Université de Paris*, 1673. — Moréri, *Dictionnaire* (art. Ramus), 1673. — Antoine Teissier, *Éloges des hommes savants*, 1683. — Bayle, *Dictionnaire historique et critique*, 1696. — D. M. Félibien, 1725. — Nicéron, *Mémoires pour servir à l'histoire des hommes illustres dans la république des lettres*, 1730. — J. Bruckerus, *Hist. critic. philosophiæ*, 1744. — C. P. Gouget, *Mém. hist. et litt. sur le Collége de France*, 1758. — Gaillard, *Hist. de François I*ᵉʳ. — A. Savérien, *Vie des philosophes modernes*, 1773, in-12. — Tennemann, *Geschichte der Phil.*, l. LX, 1814. — Victor Cousin, *Cours*, 2ᵉ série, 1829, et *Fragments de philophie cartésienne*. — Weiss, *Biographie universelle* (art. Ramus). — Théry, *Mémoire sur l'enseignement public en France au seizième siècle*, Versailles, 1837. — Charles Desmaze, *Études sur Ramus*, Laon, 1853. — Bartholmess, Christ. — Waddington Kastus, Fillon, *Hist. de France, seizième siècle*.

Nous allons donner la liste des ouvrages de Ramus venus jusqu'à nous :

Institutiones Dialecticæ. III libris, Paris, 1543, in-8.

Animadversiones in dialecticam Aristotelis. L. XX. Paris, 1543, in-8. It. Paris, 1556, in-8. It. Lugduni, 1545, in-8.

Euclides. Paris, 1544 et 1549, in-8.

Oratio habita Lutetiæ in collegio Maziano, anno 1544, pridiè nonas novembris.

Oratio habita Lutetiæ, in gymnasio Præleorum, calendis decembris, anno 1545.

Oratio de studiis philosophiæ et eloquentiæ conjungendis, Lutetiæ habita, anno 1546.

Prælectiones Ciceronis in somnium Scipionis. Paris, 1546, in-8.

Brutinæ quæstiones. Paris, 1549, in-8. (C'est une introduction au Brutus de Cicéron.)

Rhetoricæ distinctiones in Quintilianum. Paris, 1549, in-8.

Pro philosophicâ academiæ disciplinâ oratio. Paris, 1551, in-8.

Oratio initio suæ professionis, anno 1551 *octavo cal. septembris habita.* Paris, 1557, in-8. (Lorsqu'il fut nommé professeur royal.)

Orationes in logicam. Parisiis, 1551, in-8.

Enarrationes in I et II orationem Ciceronis, de lege agrariâ, in orationem pro Rabirio perduellionis reo, in quatuor Catilinarias. Basiliæ, 1553, in-8.

Arithmeticæ libri tres. Parisiis, 1555, in-4. It. *Libri duo.* Basiliæ, 1569, in-4.

La Dialectique de Pierre de la Ramée. Paris, 1555.

Ciceronianus. Basiliæ, 1557, in-8. It. Paris, Wechel, 1547, in-8. It. Basiliæ, 1578, in-8, édité par J. Th. Freigius, avec préface.

Annotationes in epistolas familiares Ciceronis. Paris, 1557, in-fol.

De legatione oratio. Discours prononcé dans une

assemblée de l'Université aux Mathurins, pour rendre compte de ce qui s'était passé à la cour, dans une députation au roi, à cause des désordres commis par des écoliers, dans le Pré-aux-Clercs. Ce discours a été imprimé en français, sous ce titre : *Harangue de Pierre de la Ramée touchant ce qu'a fait l'Université de Paris, envers le roi.* Mise de latin en français. Paris, 1557, in-8. It. 1568, in-8.

Liber de moribus veterum Gallorum ad Carolum Lotharingium cardinalem. Paris, 1559 et 1562, in-8; Basiliæ, 1574, in-8; Francofurti, 1584, in-8.

It. traduit en français par Michel de Castelnau. Paris, 1559, in-8.

Liber de militiá C. J. Cæsaris. Paris, 1559, in-8. It. Basiliæ, 1574, in-8. It. Francofurti, 1584, in-8.

Grammatica græca quatenùs à latiná differt. Paris, 1560, in-8. It Paris, 1605, in-8.

Oratio de legatione secunda dicta in concilio Maturinensi, pridiè Id. april anno 1561.

Proœmium reformandæ Parisiensis Academiæ, ad Carolum regem.

It. en français. *Avertissement sur la réformation de l'Université.* Paris, 1562, in-8.

Oratio de professione liberalium artium. Paris, 1563, in-8. *Commentarii in Ciceronem de fato.* Paris, 1563, in-8. It. Francofurti, 1583, in-8.

Scholarum physicarum libri VIII in totidem acroa-

maticos libros Aristotelis. Paris, 1565, in-8. It. Francofurti, 1583, in-8.

Actiones duæ habitæ in senatu, pro regiâ mathematicæ professionis cathedrâ. Paris, 1566, in-8. Ces discours sont contre Dampestre.

Remontrance faite au conseil privé, en la chambre du roi au Louvre, le 18 janvier 1567, touchant la profession royale en mathématique. Paris, 1567, in-8.

Lettres patentes du roi touchant ses lecteurs en l'Université de Paris, avec la préface de Pierre de la Ramée, sur le proëme de mathématique. A la reine, mère du roi. Paris, 1563, in-8.

Proœmium mathematicum ad Catharinam Mediciam, matrem regis. Paris, 1567, in-8.

Grammaire française. Paris, 1567, in-8. It. Paris, 1572, in-8.

Scholæ in artes liberales, scilicet grammaticam, rhetoricam, dialecticam, physicam, metaphysicam. Basiliæ, 1569, in-fol.

Scholarum mathematicarum libri XXI. Basiliæ, 1569, in-4. It. Francofurti, 1599, in-4.

Basiliæ ad senatum populumque Basiliensem. Lausannæ, 1571, in-4.

Defensio pro Aristotele adversùs Jacobum Schecium. Lausannæ, 1771, in-4.

P. Rami testamentum, cum senatusconsulto et pro-

mulgatione professionis ab ipso institutæ. Paris, 1576, in-8.

Prælectiones in orationes octo consulares, unà cum vitá Rami, per J. T. Freigium. Basiliæ, 1574 et 1580, in-4.

Commentarius de religione christianá libri IV cum Rami vitá, per Thomam Bauosium. Francofurti, 1576 et 1577, in-8.

Petri Rami professoris regii et Audomari Talæi collectanea, præfationes, epistolæ, orationes. Paris, 1577, in-8. — It. *Adjunctæ sunt Rami vita per Freigium, cum testamento ejusdem, Basilæ, pro Aristotele adversùs Schecium, Johannis Penæ et Frederici Reisneri orationes.* Marpury, 1599, in-8.

Geometria. Paris, 1577, in-16. — It. *Cum Laz. Schoneri et J. T. Freigii explicationibus.* Hanoviæ, 1596, in-8.

Algebra explicata à Lazaro Schonero. Francofurti, 1786, in-8.

De causis affectionum et proprietatum quarumdam singularium, cùm in homines tùm in brutis animalibus quibusdam. Monachii, 1579, in-8.

Aristotelis politica græcè et latinè cum notis. Francofurti, 1601, in-8.

Scholæ dialecticæ in organon Aristotelis. Francofurti, 1581, in-8.

Scholæ metaphysicæ in metaphysicos libros Aristotelis. Francofurti, 1583, in-8.

Prælectiones in quatuor libros Georgicorum et in Bucolica Virgilii. Francofurti, 1584, in-8.

Platonis epistolæ ex versione Rami, cum annotationibus. Paris, 1549 et 1552, in-4.

Grammaticæ latinæ libri IV. Avenione, 1559, in-8.
— It. *Libri duo de veris sonis litterarum et syllaborum, è scholis grammaticis primi, ab authore recogniti et locupletati.* Paris, 1564, in-8.

Cynosura utriusque juris sui commentarius, in regulas juris canonici et civilis, duobus libris. Francofurti, 1604, in-8.

Manuel du Libraire, par Brunet, t. IV. Paris, 1863, Didot frères.

Ramus (Pierre de la Ramée), sa vie, ses écrits, ses opinions, par Charles Wadington, professeur de philosophie. In-8 de 30 feuilles. Imp. de Meyrueis. Paris, 1855.

M. Wadington, dont la thèse latine est si savante, l'a terminée[1], par un catalogue, divisé en quatre par-

---

1. C. Wadington. Kastus, De Petri Rami vitâ, scriptis, philosophia. Paris, 1848. Page 167 et suivantes. — Nicéron, *Mémoires pour servir à l'histoire des hommes illustres dans la république des lettres.* T. XIII, p. 259.

La bibliothèque Mazarine possède quarante-sept des principaux ouvrages de Ramus; nous recommandons ce précieux dépôt, toujours si accessible, toujours si hospitalier aux études et aux recherches.

ties. La première embrasse les ouvrages édités du vivant de Ramus, la seconde ses œuvres posthumes, la troisième ses ouvrages ébauchés et non publiés, la quatrième les essais douteux ou attribués, à tort, à Ramus, enfin l'ordre, dans lequel doivent se ranger les écrits du philosophe.

Nous renvoyons à ce travail, fort consciencieusement accompli, les lecteurs qui voudraient étudier, de plus près, les œuvres de Ramus.

La figure austère de ce philosophe doit rester, pour la Picardie, un souvenir, une gloire, un culte.

TABLE ANALYTIQUE

Préface... 1

Introduction. — État de la Chrétienté au xvᵉ siècle. — Savonarole.
— Erasme. — Thomas Morus. — Mélanchthon. — Luther. —
Savonarole quitte son couvent, il visite Rome. — Ses prédications à Florence. — Sa mort. — Fin de Thomas Morus. —
Dernières paroles d'Erasme. — Mort de Mélanchthon. — La
Réforme en Allemagne et en France. — Ses premières assemblées à Paris. — Les armoiries de Luther. — Son séjour à Rome.
— Quiétude de l'Université de Paris en face du péril. — Opinion
de Luther sur l'Université et la Sorbonne. — Ramus marche à
la suite de Luther et de Calvin. — Insultes faites à sa mémoire
par Duchêne, professeur royal......................... 7

CHAPITRE PREMIER

But de cette étude. — Ramus naît dans le pays même de Calvin. —
Les philosophes du moyen âge. — La Renaissance. — Les novateurs du xvıᵉ siècle. — Arrêt du Parlement contre Dolet.. 21

CHAPITRE II

Naissance de Ramus. — Sa famille. — Ses études. — Règne de la
philosophie d'Aristote. — Censure des livres de Luther par la
Faculté de théologie. — Étude de l'antiquité et des livres

hébreux. — Programme de l'enseignement au xvie siècle. — Le Parlement défend les cours sur la Sainte Écriture. — Ramus attaque Aristote. — Son agression est condamnée. — Lettres de François Ier. — Arrêt du Parlement rendu en faveur de Charpentier. — Remontrances de Ramus au Conseil privé.   31

CHAPITRE III

Les Universités de France. — Réformation de l'Université de Paris. — Plan proposé par Ramus. — Le Collége de Presles appelle le philosophe, dont la parole ramène les élèves, éloignés par la peste. — Ramus est nommé professeur d'éloquence et de philosophie au Collége de France. — Le chancelier de l'Hôpital lui-même inclinait vers la liberté de conscience............ 59

CHAPITRE IV

Travaux de Ramus. — Ses écrits, sa correspondance avec les savants. — Lettre de Ramus au Recteur et à l'Université de Paris. — Les professeurs, même les lecteurs du Roi, devaient appartenir à la religion catholique. — Persécutions contre les hérétiques................................... 67

CHAPITRE V

Lettres patentes déterminant, en cas de vacance, le mode de nomination pour les professeurs royaux. — Guerre civile. — Après la paix, Ramus, autorisé par Charles IX, visite les Universités d'Allemagne. — Son voyage dans ce pays ressemble à une suite de triomphes................................. 87

CHAPITRE VI

Après avoir parcouru l'Allemagne et la Suisse, Ramus revient en France, rappelé par son *royaume de Presles*. — Montluc lui propose de venir en Pologne. — Refus de Ramus. — La Saint-Barthélemy. — Mort de Ramus........................ 93

CHAPITRE VII

Fondations utiles laissées par Ramus. — Sa vie. — Son désintéressement. — Son patriotisme........................ 101

CHAPITRE VIII

Appréciations des historiens sur Ramus. — Tristes pressentiments du philosophe, ses consolations. — Résultat de ses leçons et de ses écrits. — Vers à sa louange 105

CHAPITRE IX

Testament de P. Ramus................................. 113

CHAPITRE X

Portraits de Ramus 121

CHAPITRE XI

Bibliographie 125

FIN DE LA TABLE ANALYTIQUE